向上管理

刘梦鹤 编著

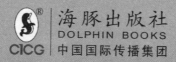

海豚出版社
DOLPHIN BOOKS
CICG 中国国际传播集团

图书在版编目（CIP）数据

向上管理 / 刘梦鹤编著 . -- 北京 : 海豚出版社，
2024. 8. -- ISBN 978-7-5110-6974-0

Ⅰ . C93-49

中国国家版本馆 CIP 数据核字第 202410CN00 号

出 版 人：王　磊

策　　划：吕玉萍
责任编辑：王　梦
装帧设计：韩海静
责任印制：于浩杰　蔡　丽
法律顾问：中咨律师事务所　殷斌律师
出　　版：海豚出版社
地　　址：北京市西城区百万庄大街 24 号
邮　　编：100037
电　　话：010-68996147（总编室）　　010-68325006（销售）
传　　真：010-68996147
印　　刷：德富泰（唐山）印务有限公司
经　　销：全国新华书店及各大网络书店
开　　本：16 开（710mm×1000mm）
印　　张：14
字　　数：148 千
印　　数：30000
版　　次：2024 年 8 月第 1 版　2024 年 8 月第 1 次印刷
标准书号：ISBN 978-7-5110-6974-0
定　　价：59.00 元

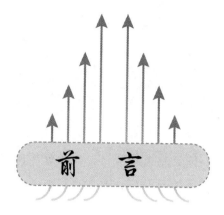

前　言

　　管理大师德鲁克曾说过："你不必喜欢、崇拜或憎恨你的老板，但你必须管理他，让他为你的成效、成果和成功提供资源。"

　　执行能力强的人，能更好地完成领导交办的任务；策划能力强的人，能策划好每一次重要的活动；销售能力强的人，能为公司开疆拓土；沟通能力强的人，能协调好各层级、各部门之间的关系……但是，向上管理能力强的人同样能成功。

　　向上管理能力强的人，能懂得公司和领导真正需要什么，而且还能在无形之中影响领导，实现集体与个人的双赢。

　　向上管理能力强的人，能够用简单的方式，与领导建立完全信任的关系，这种信任不仅能让工作变得更高效，也能让职业道路变得更加平坦。

　　因此，向上管理好你的领导，将是你实现职场价值重要的一环。你可以资质平平、能力一般，但一定要拥有向上管理的能力。向上管理领导并非控制领导，而是一种自下而上的主动了解、率先成就。

　　鉴于向上管理在职场中的重要性，我写下此书，目的是向职场朋友传授如何以让领导满意和喜欢的方式成为一个出色的下属。同时，在和谐的上下级关系中，快乐工作，加速实现人生价值。

　　通过本书，你可以学到很多有价值的东西。你可以轻松找到自己不受关注的原因；你可以从那些"稀奇古怪"的潜台词中，明了领导的想法、判断他的用意；你还可以找到获得领导认可的方法，学会如何与领导进行有效沟通。

随着深入学习，你会越来越明白，向上管理不仅是一门技术，更是一门艺术。在掌握向上管理的"基本原则"后，你将学会与领导拉近距离的技巧，以及掌握应对不同类型领导的方法。就算遇到尴尬场景，你也可以轻松化解。

当然，除了向上管理的技巧和艺术，也希望本书能帮助你认清和避免向上管理的"七个雷区"，以免因为疏忽而受到伤害。

我希望每一位读到这本书的朋友都能有效地向上管理，不负岁月，不负自己。在任何组织中，但凡有成就的人、出众的人，几乎都是"向上管理"的高手，你也可以成为其中的一员。我相信，书中的技巧会让你少走很多弯路，化繁杂为简单、化平凡为非凡。

如果你也有这些情况，请阅读此书：

如果你是新进职场的"菜鸟"，不知道如何与领导相处；

如果你工作多年，仍未得到升迁，却找不到原因何在；

如果你工作能力很强，兢兢业业，却得不到领导的信任；

如果你分辨不出工作中哪些是机会，哪些是陷阱；

如果你还在受"奇葩"领导折磨，苦不堪言却又不知所措；

如果你经常落进与领导相处的陷阱里，却不知如何规避；

如果你还不知道如何处理上下级关系，不知何时该进，何时该退。

最后，希望每个职场人都能成为向上管理的高手。成就领导，成就自己！

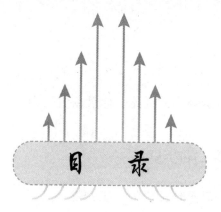

目　录

第一章

读懂你的上司，才能获得关注

　　身在职场，如何才能获得领导的关注呢？一千个职场人，有一千种方法，但核心只有一个，那就是读懂你的上司。你知道如何让上司青睐自己吗？你知道明明有能力，上司为什么不喜欢自己吗？你知道上司喜欢的成熟稳重是什么吗？你知道上司说"你定吧"时，内心的真实想法吗？如果连这些都不知道，你又怎敢在职场中行走？可能再往前一步，不是坦途，而是深渊。很多时候，上司就像一本书，你需要一页一页地翻，一句一句地读，才能读懂其中的真谛。

怎样进入上司的视线

　　身在职场，经常能听到有人这样抱怨——"没有背景""只会闷头做事"，所以得不到上司的赏识、重用，更得不到晋升的机会。

　　这样的人职场中比比皆是。很多人空有能力，却得不到施展机会，只能泯然于众，在平凡的岗位，做着不起眼的工作，浑浑噩噩一天又一天。心灰意懒者，干脆放任自流；心有不甘者，想尽办法却难以改善境况。

　　不可否认，在任何一个公司，有背景的人，比没有背景的人有更多的机遇。这是现实，谁也无可奈何。但是，没有背景，就不能在职场占据一席之地吗？

　　当然不是！关键要看怎么做，怎样才能通过自己的才能和所长找到自己的位置。

　　职场"潜规则"：想要在职场立足，必须先让上司看见。

　　小 A 加入公司两年多，能力突出，深受领导器重。去年上半年，她休了半年产假，回公司之后，发现自己的直属领导换了。领导换了，工作还在，原本也不是什么大事。可是，她很快就发现，这个外聘来的领导控制欲极强，特别想通过业绩来获得上级领导的认可。而对团队内部，则实行严格的管理。

早已习惯原来工作节奏的小 A，每天继续默默地做事，秉持着"是金子总会发光"的原则，按部就班地完成自己的任务。在她看来，只要做好自己的工作，新领导总会喜欢自己的。可是，她又失望了——在新领导眼中她几乎就是个透明人，没有升职，没有加薪，甚至没有被多看一眼。这让她很是苦恼，问题到底出在哪里呢？

"不解决桥和船的问题，过河就是一句空话。"同样的，想要获得上司的关注，甚至是喜欢，进入上司的视线是要务，也是最重要的一件事。正如小 A，能力有吗？自然是有的。工作做了吗？当然也做了。她最大的问题，就是没能让上司看见。

要知道，在当今社会，一切都以效率为基准、以效益为导向。上司也很忙，既要盯老板，又要抓业绩，谁顾得上去关注一个小小的员工？所以，即便你才华横溢，勤奋工作，努力向上，上司也未必看得见。而上司看不见，做再多都无法给自己加分。

因此，如果想在职场发展得更好，我们就要想办法尽快进入上司的视线。没错，是"尽快"，越早进入上司的视线，我们就能越早得到重用的机会。那么没有背景的人，如何才能快速进入上司的视线呢？

职场"潜规则"：没有背景，进入上司的视线有三大要素，即勤奋、才干、圆滑。

数学家华罗庚曾说过："勤能补拙是良训，一分辛苦一分才。"古今中外，许许多多有成就的人，他们都是因为勤奋，才从众人中脱颖而出，成为人们所佩服崇敬的人。在职场中尤其如此，勤奋努力是值得称赞的好品质，也是进入上司视线的关键。

举个简单的例子，假如公司里有这样两个人：他们职位、资历、能力都相仿，其中一个人整天养尊处优，工作消极，不主动解决问题，不注重团队合作，所在意的只是自己那"一亩三分地"，凡事讲求差不多就行，其他一概不管。另一个人则很勤奋，他对工作充满热情，不仅会积极主动地完成任务，还愿意承担额外的工作，空闲的时候还愿意通过不断学习提升自己，团队合作更是游刃有余。这样的两个人，谁能先引起上司的关注呢？毫无疑问是后者。

身在职场，想要进入上司的视线，就要多努力、多干活儿、少说话，不怕苦不怕累。每个人都有眼睛，尤其是上司，他们的眼睛更加敏锐，会密切关注下属的一举一动。就算暂时看不到，总有一天会被"惊"到。

在职场中，上司最喜欢重用哪种人？毫无疑问，勤奋之外，才干排在首位。原因很简单，有才干的人才能做出成绩和业绩，企业发展才能蒸蒸日上。

但是，仅有才干还不够，想要进入上司的视线，还要学会展示自己的才干。就像雄孔雀为了吸引雌孔雀，会开屏展示自己漂亮的羽毛。有才干的人，也要学会展示自己漂亮的羽毛，让上司看得到。

在职场里，上司最喜欢什么样的人？会办事的人。那些脑子机灵、办事有眼力、处理问题有方法的人，往往是上司最青睐的人。为什么呢？因为让上司省心。

会说话，该说的说，不该说的不说，上司处着省心；会办事，能办的办好，不能办的办巧，上司用着省心；懂人际，对内能维护部门人际和谐，对外能与合作伙伴搞好关系，上司用着放心。这样的人，上司能不看在眼里，记在心里吗？

有些人会说，这说起来容易，做起来难。其实，要做到会办事并不难，只需要注意几点。一是要高效地完成上司交办的任务，考虑事情多一些周全和细心，上司想到的、没想到的都要注意；二是要学会处理各种疑难杂症，协调各方关系，切实帮上司排忧解难，这同样需要多看多想；三是要在小事上下功夫，上司交代的每一件小事都尽量做好；四是多向上司、同事学习，观察优秀的人的所作所为。

如此，慢慢就越来越会办事了。

想要进入上司的视线难吗？其实不难。"骐骥一跃，不能十步"。我们要相信，随着不断地学习、进步，随着阅历和见识的增加，只要不断总结反思，我们自然会越来越光彩照人，让上司看得见。

为什么上司总是为难我

在职场中，我们经常会听到这样的话：

"我的上司为人刻薄，非常难缠，一点儿情面也不讲。"

"我的上司总是刁难我，什么难做的工作，都会扔给我。"

"我的上司真可恶，随口一句话，我就得重做方案，可千辛万苦做好了，人家又说不要了，这不是耍我吗？"

"拖地、拿报、买咖啡，我的上司把所有苦活儿累活儿都扔给我，可就是不给涨工资。"

多数职场人都应该听到过这样的抱怨，或者自己也曾抱怨过，因为这种让人感觉"不公平"的现象在职场并不鲜见。在职场久了，我们甚至能感觉到，上司的"敌意"好像无处不在。

具体一些，大概会有这些情况：

"明明不可能完成的工作，非要我去做！"

"明明工作已经够多了，却还是给我安排任务！"

"明明事情超出了能力范围，却非要我想办法！"

"明明很优秀了，却总得不到升职加薪的机会！"

那为了能在职场生存下去，我们就要想办法消除"敌意"。要想消除"敌意"，首先要做的是搞清楚这些"敌意"究竟来自何方。简单来说就是找出上司不喜欢我们的原因。

小 C 大学毕业，刚入职一家互联网公司，就感觉到来自上司的强烈的"敌意"。不管什么事，也不管她做得好不好，上司总会各种挑刺。除了挑刺，上司还总会指派她做一些打扫卫生、跑腿等琐碎的工作。

刚开始时，小 C 并没有太在意，反而觉得上司是有意培养，多安排工作也是锻炼自己。可是做着做着，她就觉得不对劲了。有时一件小事，上司就会大做文章，当众批评。而且多数批评，显然是对人不对事，这让她很是纳闷儿。当这种情况愈演愈烈时，她开始思索其中的问题。

有一次，小 C 在茶水间与行政部的几个女同事闲聊，终于打听到一些有用的信息。她这才知道，上司为什么总是找自己的麻烦。原来，上司与部门经理常年不合，两人明里暗里一直较劲。而她刚好是部门经理招进来的人。虽然她和部门经理并不熟悉，只是面试的时候有过接触，但上司却并不这么认为。上司一直看部门经理不顺眼，自然连带着他招进来的新人也一并讨厌上了。

小 C 找到上司为难自己的原因后，开始有针对性地消除那莫名的"敌意"。她是怎么做的呢？她主动向上司示好，并经常帮助上司做一些事情，让其看到，自己在工作中很用心。在一次聚餐时，她找到了机会，向上司委婉地表达了自己和部门经理并无关系。在不断地努力下，她渐渐发现，上司对她的"敌意"消失了，取而代之的是上司对她的认可和培养。这让她感到非常高兴，开始更加全身心地工作。

在职场中，没有无缘无故的"爱"，也没有无缘无故的"恨"。任何莫名的"敌意"背后都是有原因的，甚至可能有更深层次的原因。当然，有些原因摆在明面上，一看便知，而有些原因则隐藏得更深，需要慢慢挖掘。需要注意的是，无论哪种原因，我们都要认真找出来，才能进行有效的向上管理。

找到上司不喜欢自己的原因，淡化它，消除它，化不喜欢为喜欢，是职业生涯的关键。不要害怕上司难搞定，要相信，所有的不喜欢都有迹可循。一般来说，上司的"不喜欢"通常有以下几种原因。

一是你刚到这个部门，上司对你知之甚少，还不了解，所以会有一定的戒备心。

二是你过于锋芒毕露，不懂低调，光芒掩盖了上司，所以上司会释放出"敌意"，捍卫自己的领地。

三是你的工作能力不行，这会直接或间接影响上司的绩效，甚至是利益，因此对你不满也是在所难免。

四是职场中小团体的"斗争"，很不幸，你刚好成了牺牲品。

五是因为某种原因，上司不想用你了，可又不能直接言明，只好通过一些刁难，让你知难而退。

六是上司很任性，没有原因，就是单纯因为不喜欢你而为难你。

当然，上面也只是部分原因，在职场中，往往还会有很多种可能。比如，可能在不经意间得罪了上司，还有可能是情商太低，不会讲话，惹上司厌恶。甚至还有可能是品行不端而不自知，让上司心生反感。总而言之，原因多种多样，你需要具体情况具体对待，根据上司为难自己的一些征兆，认真筛选，仔细甄别。

找到"病根儿"就能慢慢改善了。

比如，针对上司对你不熟，持有戒备心理，你可以多和上司交流，对上司表现出足够的尊敬。同时认认真真做事，漂漂亮亮完成任务，用实际行动来证明自己在工作中的价值。这样，就可以逐渐消除上司的戒备心理了。

针对锋芒过露，你可以稍微收敛一下，学会低调做人。记住，在职场中，低调才更显智慧。低调的同时，还要学会对上司释放出相应的善意。在与上司共事时，要学会适度退让，尊重上司的权威。尊重上司是建立良好关系的基础。

如果工作能力不行，那就更得注意了。你可以通过多学习来提升自己的能力，通过勤奋来弥补能力的不足。只要你的工作能力越来越强，业绩越来越好，创造的利益越来越多，不用刻意做什么，上司自然会喜欢你。

如果是公司中小团体"斗争"的牺牲品，那就有些复杂了。要知道，内部的斗争问题，在职场中永远是屡见不鲜的。无论如何，你要先做好本职工作，再考虑其他。如果实在无法应对复杂的人际关系，不妨试试换个环境。

至于上司不想用你，或者不喜欢你，那就没有办法了。如果不想离开，你就要静下心来，踏踏实实做好自己的工作，让自己变得更优秀，变得不可替代。当你在公司中的价值越来越高时，上司纵然不喜欢，也会想办法让自己接受你。

当然，这时他们也不会再有意为难你了。毕竟，你已经变成一块闪闪发光的金子，开始在工作中熠熠生辉了。

上司说"你定吧"，他心里到底想的是什么

职场中的人际关系相当复杂，尤其是在和上司相处的过程中，更需要处处留心。虽然上司不是洪水猛兽，但其毕竟站的位置更高一些，往往会直接或间接影响我们的职业生涯。因此在与上司相处时，说话、做事不妨多想一想，认真揣摩和领悟上司的意图。

在职场中，有些人不习惯多想，而是喜欢用最简单粗暴的方式与上司沟通——听话。上司无论说什么，他们都会认认真真地贯彻和执行，而自己却从来不肯多想一想：这是上司想要的吗？我这样做到底对不对？

有人会问了：多想什么？上司说的，不就是他想要的吗？并非全是如此。如果我们也这样想，那就很容易"用心办错事"。上司作为领导者，很多时候，他说的话未必就是真实的想法。而至于到底该怎么做，我们就要多用心想一想了。

比如，在职场中，我们总能听到上司这样说："这件事要怎么处理，你定吧。"你想好要怎样"定"了吗？听到上司"授权"给自己，是不是很开心，已经开始盘算该怎样处理这件事了？小心，如果你不假思索，真就按自己的想法"定"了，那就很有可能会得罪上司，甚至影响自己今后的职业发展。

经过层层面试，小王成功入职某知名企业。他为人老实，工作踏实，对上司总是一副唯唯诺诺的样子，从来不敢发表半点儿个人见解和要求。对于上司的话，他一直都是坚定不移地贯彻执行。他的工作态度让上司比较满意。

可是有一天，他却被上司狠狠地训斥了一顿。同事们都惊呆了，谁也想不明白，这么"老实"的小王为什么惹上司生这么大的气。

小王也很委屈，在他看来，他是忙了工作却落了嫌弃，典型的"吃力不讨好"。

原来，前两天，小王接到公司总部电话，需要上报近期特色工作总结。这事说大不大，说小不小，小王不敢怠慢，立即向上司汇报了。当时上司正在开一个视频会议，听到小王汇报，手一挥对小王说："这事你定吧。"

小王见上司这么信任自己，心里美滋滋的，下定决心一定要认真做好这个工作总结。他放下手头其他工作，全身心地准备相关材料。当天晚上，他熬了一个通宵，根据材料加上自己的理解，洋洋洒洒写了一篇上万字的总结，交了上去。

他以为这件事会得到上司的表扬，没想到却招来一顿训斥。总部领导给上司打电话，指出了报告中存在的一些问题，这让上司感到有些紧张，听得满头大汗。挂了电话后，上司立即叫来小王："小王，你怎么回事，做事怎么这么敷衍了事？我让你写工作总结，写完之后为什么不给我看看再上报？还有，报告中有些数据怎么会是错的？你认真看了吗？"

小王低着头，听着上司的训斥，心里却满是委屈："这能怪我吗？是你说'你定吧'。现在出问题了，就会找我的麻烦。"

在上述案例中，小王委屈吗？其实一点儿都不委屈，因为他犯了职场大忌，没有充分揣摩和理解上司的意图。他以为那句"你定吧"，是上司信任自己，并授权给自己，自己可以全权处理。于是想当然地写完报告后，他没有通过上司就直接上报了。而实际上，上司只是当时忙得无暇顾及此事，并不是真的完全放权。

很多时候，那些被动的局面，都是错误理解上司的意图造成的。

那当上司说"你定吧"时，心里到底是怎么想的？我们又该怎么做呢？

一般来说，上司说"你定吧"，往往会有这几种情况：

第一种情况是信任时的"你定吧"。这是职场人最喜欢的一种情况，代表着上司的信任。在职场中，并不是所有上司说话都喜欢拐着弯暗示，也有喜欢直来直去的。当上司充分信任下属时，遇到一些无关紧要的小事，往往会说"你定吧"，这不仅是一种信任和托付，也是一种激励下属的手段。

第二种情况是测试时的"你定吧"。有些时候，上司为了考验下属的应变水平和办事能力，也会说"你定吧"。他们会通过"放权"的方式，测试下属的各种能力。能不能将事情办好？尺度把握得怎么样？能不能被信任、被托付？这种时候，下属更需要认认真真，高效推进工作。

第三种情况是推卸责任时的"你定吧"。遇到棘手的事情时，上司就一定知道怎么办吗？有些时候，他们也不知道。但上司可以把"烫手的山芋"扔给下属，让下属"自己定"。

第四种情况是否定下属时的"你定吧"。还有些时候，上司想否定下属，又不好直说，于是便会抛出一句"你定吧"。这个时候，"你定吧"就变成了正话反说，如果下属真的自己看着办了，那就会把事情彻底搞砸。

虽然上司说"你定吧"时，可能会有不同的含义，但在职场中，我们却不必费力去揣摩到底是属于哪种情况。因为上司的心思最难揣摩，万一弄错了，反而会弄巧成拙。那怎么办呢？实际上，我们一般可以遵循三个原则。

一是认清自己。在职场中，认清自己非常重要。我们要明确自己的岗位职责，清楚自己的定位，这样才能知道自己应该干什么，能干什么，怎么干，干到什么程度。当上司说"你定吧"时，我们就可以结合自己的岗位职责多揣摩，不妄自推测，这样就不容易出错了。

二是认清上司。在职场中，我们要清楚上司在想什么。有些上司不喜欢明确表明自己的意见，而是喜欢让下属"猜"。为什么要让下属"猜"呢？一种可能是为了考验下属，还有一种可能没有那么多时间细细安排。上司不说清楚，那我们就要自己揣摩了。我们可以通过平时与上司的接触，清楚其到底是怎么想的——是信任？刻意培养？顺水推舟？试探还是敲打？多想一想，总能琢磨出来。想清楚了，再决定该怎样"定"。

三是怎么做。当清楚了自己的职责、上司的意图后，我们该怎么做呢？这也有技巧，如果这件事简单，自己能拍板，也有能力解决，那就要向上司汇报自己的解决策略。上司点头认可，我们放手大干。还要记住，凡事有交代，件件有着落，事事有回音，事情干完之后，要向上司做个总结汇报。

如果这件事复杂，自己不能拍板，也超出了能力之外。该怎么办呢？这时我们需要跟着上司，一步一步推进，千万不能"一力承担"。简单来说就是，我们每走一步，就要向上司汇报一次，上司满意再继续往下推进。如果上司不满意，那就修改方案，一直到上司满意为止。

如果事情超出能力之外，上司又不管不问，或者对方案很不满意，那就需要按暂停键了。必要的时候，甚至可以彻底放弃这件事。

费力不讨好的事，做了也有害无益。

总而言之，在职场中，如果听不懂上司话里的意思，那就要多思、多想、多琢磨，一定不要自以为是，自行其是。搞不好不仅得不到上司的赏识，还可能会吃不少"莫名其妙"的亏。

为什么领导有话不直说

生活中，我们都喜欢别人有话直说，开口见心，没有曲径通幽，没有弯弯绕绕。因为这种沟通方式直接、简单，直达目的，最为省心。然而在职场中，"有话直说"却往往会被"拐弯抹角"代替，尤其是上司与下属之间。

我们经常会发现，无论是体制内还是体制外，有些上司说话总喜欢绕弯子，很简单的一句话，说半句留半句。还有些时候，上司说的话，甚至跟自己内心的真实想法完全相反。下属需要通过猜才能领会上司的意图。

这是怎么回事？为什么上司有话不直说？

小丽在一家电商公司工作快三年了，现在是部门主管。上司一直对她很好，她也一直认真工作，赢得了上司的信任。每次有重要工作，上司都会先想到她，并及时通知她。不过最近，这种情况却发生了改变。

原来的上司调走了，从总部空降了一位新上司。新上司与老上司直来直去的行事风格不同，凡事喜欢点到即止，话也往往是说一半留一半。因为习惯了老上司的行事风格，对于新上司，小丽很不适应，有好几次因为没有领会新上司的意图，花大力气结果却没有把事情做好。为此，新上司斥责了她，并扣掉了部分奖金。

她很委屈，找到新上司理论："为什么有话不直说？您直说了，我也不会把事情办砸了。"

上司自然不会给她解释。不久之后，她就被调到了别的部门，工资待遇也一落千丈。

职场如战场，需要高情商。小丽在职场上遭遇滑铁卢，最主要的原因在于，她没有弄清楚新上司为什么喜欢话说一半。当然，她也没有认真去揣摩，新上司藏着的"另一半话"的真实意图。这才导致她陷在被动的泥沼里，总也拔不出来。她后来找新上司理论，更是低情商的表现，新上司不愿意直接说，一定有用意。

在职场上，上司有话不直接说，往往都是原因的。一般来说，主要有五个方面的原因。

第一，规避风险。上司在职场里摸爬滚打多年，他们明白什么地方潜藏着风险，更明白如何及时规避。话说一半，可以理解成向东，也可以理解成向西，自然可以更大程度地降低风险。手底下的人做好了最好，做不好，那是对方理解能力差，上司承担的责任自然要小得多。

第二，顾忌面子。有话不直说，有可能是上司给下属留面子。一般做上司的人，都会有一定城府，在某些事情上面，即便心中很不满意，也不会直接说出来。往往都是点到即止，剩下的细节可能需要下属自己慢慢琢磨。

第三，有意试探。虽然是领导，但有些时候，上司也会吃不准下属心里的真实想法。因为摸不透，所以上司不会轻易把自己的底牌亮出来，而是想方设法绕着弯地试探，所以话往往会说一半留一半。直到了解清楚，其才会明确地表达自己的观点。

第四，点到为止。在上司眼里，有些东西很简单，可能就是明摆着的，因此不需要说得非常清楚，点到为止。能够说一知二，这样的聪明员工，才是上司最喜欢的。

第五，隐藏自己。在职场中，有些上司不希望下属看透自己，否则怎样显示与众不同，又如何领导下属。而有话不直接说，把事情说得云山雾罩，让下属动脑筋猜测，更显得神秘和水平高。

其实，不论是出于哪种原因，是权力心思还是性格所致，上司的目的都是让自己立于不败之地。上司只有如此，才能更好地领导团队，或者获得利益。

明白这一点，遇到"上司有话不直说"的情况，就好办多了。我们可以试着通过以下三种方式走出窘境。

日常工作交流时，要听懂话外音，投其所好。我们要先尝试站在上司的角度来考虑问题，洞察其意图，这样会更方便理解"话外音"。这就要求我们：不单单要听上司讲了什么，还要听其没讲什么，藏了什么话没有说，有话不直说的目的是什么。在这个过程中，千万不要被上司的"山路十八弯"迷惑，要重点揣摩他真实的心理，他的利益点在哪里，他的为人和喜好是什么。这样多方面一分析，上司的真实意图，往往就会"浮出水面"了。

工作执行中，上司绕弯，我们绝不绕弯，不懂就要学会请教。如果已经开始执行工作，却还没有理解上司的真实用意，那就要留意了，不懂就要问。其实很多时候，上司有话不直说，下达的指令不是特别清楚，我们即使换位思考，也琢磨不出个所以然来，已经没有办法继续展开工作了。如果理解出现偏差，一知半解就去执行，很有可能会走错路或者走弯路。这时，一定要问，可以用适当的方式进行委婉提问。

学会"点到即止"。有些上司，喜欢通过"说话绕弯"来体现自己的水平，彰显自己在下属面前的魅力。这个时候，他们的真实想法要靠我们去猜。即便我们已经说出了他的真实想法，他也会故作深沉。如果发现是这种情况，最明智的做法就是，不要打破砂锅问到底，惹上司讨厌。

那如何解决困境呢？其实只有一句话：换位思考，投其所好，形式上要满足上司的需要。至于具体怎样做，那就仁者见仁，智者见智了。

总之，凡事多想一想准没错。

给上司订饭，如何体现工作水平

在职场中，任何一名员工，都不可避免地要与上司或者更高层领导接触。对于员工来说，要想在公司中有所发展，更好地发挥自己的能力，那就必须获得上司的重视和支持。

那么，上司手底下有那么多下属，我们如何才能从众人中脱颖而出，获得上司的认可和重视？方法可能有很多，但会办事，能办好事，必定是其中最重要的一项。

会办事，能办好事，不仅体现在重要的工作中，也体现在一些看似微不足道的工作中。在职场中，给上司订饭，就是一项最容易让人忽视的工作，但其中藏着的职场智慧，却不容小觑。很多时候，给上司订饭最能检验员工的工作水平。

小 A 大学毕业后，顺利进入某知名企业，成为一名实习生。他很珍惜这个机会，工作认真，做事踏实，也很热心肠，深得部门上司喜爱。可是一个"订饭事件"，却让这种和谐关系陷入了僵局。

有一次，快到中午了，上司忽然给小 A 发信息，说自己在参加一个很重要的视频会议，不能下楼吃饭，让小 A 帮着订个餐。上司安排，小 A 哪敢怠慢，连忙答应，同时还不忘问上司吃什么。

上司说吃啥都行，越简单越好，你就看着办吧。小 A 想着，一个午餐而已，也确实不用弄得太复杂，于是就按照自己的喜好，给上司点了份土豆丝，点了份葱爆羊肉。

可没想到的是，等到餐送来，上司却变了脸，而且直接把餐扔到垃圾桶里。自此以后，上司对小 A 的态度发生了一百八十度的大转变，再也没了以前的和颜悦色。

直到小 A 实习期满，离开这家企业时，他才听同事说起，上司最讨厌吃土豆丝，而且对羊肉过敏。

给上司订饭是职场中最常见的"分外"工作，它虽然不在绩效之内，却与员工的职场生涯息息相关。饭订得好，上司满意，职场顺利；饭订不好，上司也许不会直说，但心中不满，观感改变，对我们的职场生涯也会带来诸多不便。正如案例中的小 A，他订了饭，却得罪了上司，究其原因在于没有足够了解上司，摸清上司的需求，这已然犯了职场大忌。

身在职场，如何与上司相处是一门艺术。给上司订饭虽然是件小事，但千万不能小觑，因为很多时候，"订饭"最能体现我们的工作水平。

那么，如何给上司订饭，才能"订"出能力，"订"出精彩呢？牢记以下几点，这会让我们在向上管理中顺风顺水，路途坦荡。

第一，上司的有些话，当不得真。给上司订饭的时候，上司忽然说不吃了，我们就不订了吗？上司说不吃了，也许不是真不吃了。

有时候，上司工作太累，或者当时身体不适，可能会不想吃饭。所以，我们给上司订饭时，他们也许会说"不想吃了"。但是，千万别太当真。上司可能是的确不想吃，但是，我们不能不做准备。

作为下属，关心上司是向上管理的必修课。我们要做的是，不管上司吃还是不吃，饭必须订，而且还要及时订，不马虎、不敷衍。

饭到了以后，上司如果不在，可以把饭放到桌子上，并给其发条信息说一声，默默走出办公室。注意，这就是职场智慧：上司吃了饭会心存感谢，觉得我们办事细心、体贴，好感飙升；上司如果确实不想吃，看见桌子上的饭，也会心中温暖。所以无论如何，都能拉近我们与上司的距离。

第二，上司说吃啥都行，也不能随便应付。到了饭点，我们打算给上司订饭，问吃什么时，得到最多的回答往往是"吃啥都行，你随便订"。真能"随便"吗？如果真的随便了，那就犯了职场大忌。

上司说吃啥都行，往往都是客套话，其当然有喜欢吃的，也有不喜欢吃的。而作为下属，我们要早做功课。平时要摸清上司的口味，喜欢吃鸡还是吃鱼，如果要吃饺子，是喜欢韭菜鸡蛋馅的还是猪肉大葱馅的，是喜欢水煮饺子还是喜欢蒸饺，有什么忌口……这些都要弄清楚。

不懂没关系，可以问问上司身边的人，不要因为不好意思而订错了饭。如果一不小心闹了乌龙，反而得不偿失了。因此，当上司说吃啥都行时，潜台词就是要订上司喜欢吃的。

第三，上司说吃 N 个，最好买 "N+1" 个。在给上司订饭过程中，还有一种情况也要多留心，那就是上司明确告诉我们要吃什么，吃多少。按照上司的要求订就可以了吗？当然不是，订饭的时候，富余一些是对上司的尊重。当然，这也要根据上司行事风格判断。

第四，上司说要吃饭，要有人陪着。给上司订好了饭，我们就完成任务了吗？当然不是。很多时候，上司吃饭的时候，也喜欢有人陪着。当然了，那些喜欢独自吃饭的上司除外。

这个时候，我们要过去陪上司一起吃。也不用高谈阔论或者插科打诨，就跟上司坐在一起，陪着吃个饭就可以了。这样做最主要的目的是，当上司有需要的时候，我们可以及时出现，并做好服务。

在向上管理中，订饭虽然是一件微不足道的小事，但要做到既让上司满意，又不显得刻意，就很考验一个人的水平了。但无论如何，只有让上司满意，才能留下好的印象。

正如著名心理学家和人际关系学家戴尔·卡耐基在《人性的弱点》一书中所言："一个人的成功，只有 15% 归结于他的专业知识。还有 85% 归于他表达思想、领导他人及唤起他人热情的能力。"能用"订饭"这种小事唤起上司对我们的好感和热情，那才是高水平的体现。

这种"高水平"，我们每一个职场人都要认真把握。

第二章

领会上司的想法，才能管理好上司

在职场中，你不必喜欢、崇拜或憎恨你的上司，但你必须向上管理他，领会他的想法，这样你的职场之路才会更加顺畅。如果上司的想法千变万化，你就要跟着千变万化。你既要听得懂他话里的"潜台词"，又要看得懂他的表情，猜得准他的想法，还要能从他日常的行为和细微的动作中，判断出他是真心器重还是心有嫌弃。不要以为这很简单，实际上，上司的想法就像六月的天气，说变就变。当然，能不能拿得准，得看你自己。

在单位一定要知道这些"潜台词"

中国文化，博大精深，讲究含蓄，这一点在职场社交中体现得淋漓尽致。尤其是在上司们说话的艺术上，更是尽显"山路十八弯"的本色。

通常情况下，上司们都比较擅长职场为人处世之道，所说的每一句话，既能意思到位，还能让人如沐春风。简单来说就是，他们很少有人会直接进行观点陈述，而是会拐个弯，用一种更容易让人接受的方式表达自己的想法，这就是所谓的"潜台词"。

作为下属，我们要想获得晋升的机会，就必须充分领悟上司说话中的"潜台词"。尤其是职场新人，一句话没听明白，或者理解有误，就有可能陷入上司的语言陷阱而不自知。当然了，那些掌握上司"潜台词"的人，在职场中也往往能够混得更好。

小C在一家电子商务公司工作，入职刚半年，还属于新人。他很喜欢这份工作，干起活儿来踏实认真，但他话不多，是典型的务实派。他以为自己会一直在公司里干下去，却没想到很快就遭遇了一次职场危机。

那天，他忽然接到了主管谈话的邀请。这让他很是诧异。

他来到主管办公室后，主管只是平静地问他："对于工作，你有什么计划？打算在公司里干多久？"

他当时就蒙了，下意识地认为这是辞退的暗示。直到走出主管办公室，他还在思考："我是不是有什么地方没做好，犯错了？"

回到家后，他把谈话内容告诉了父母。父母也很着急，认为这是领导的暗示，可能公司要裁员。而且那段时间公司也有部分员工离职。这种猜测更加剧了小 C 的不安。他几乎整夜没有睡，脑袋里一直想着被裁员后自己怎么办。

从那天后，他每天工作都战战兢兢，总觉得自己再干几天就要走人了。因为状态不佳，他在工作中总是出错，屡屡受到主管的批评。而主管越是批评，他就越是觉得自己离走人不远了。

他的朋友听说了这件事，开始帮他推荐新工作。他自己也打起精神，开始重新制作简历。在他看来，"被辞退"的日子肯定是越来越近了。

让人意想不到的是，事情却出现了转机。在一次吃饭时，他鼓起勇气，向主管表达了自己的不安和惶恐。主管听后却哈哈大笑起来，告诉他公司根本就没有要辞退他的意思。那次找他谈话，只是因为部门有两个同事要离职，怕他万一也有离职的打算，会影响工作的推进。

主管说："你当时表示要长久干下去，我就没有多说什么，哪里知道你会误会，可别多想啊，好好干。"

原来是虚惊一场，小 C 这才放下心来。他有些感慨，上司的心思真不好猜。

其实，这事还真不怪上司心思难猜，主要是小 C 没有听懂上司话里的"潜台词"。对于上司来说，他说的每一句话，都得有自己的考量。这看似简单，其中或许有更复杂的利益关系。而用潜台词代替直接表达，在一定程度上，能避免很多不必要的尴尬。

比如，小 C 的主管如果直接问："小 C 呀，咱们部门有两个同事要离职了，你应该不会也离职吧？"小 C 没有离职的打算还好，如果有，可能会这样对主管说："主管，不好意思，我也打算离职了。"在这种情况下，主管可就尴尬了。所以在很多时候，"潜台词"确实能更好地处理职场问题。

但是，这就要求我们不但要会听，还得听懂。否则，上司就白说了。

我们来看几句常见的职场"潜台词"，试着揣摩一下：

"不错不错，好好干！"这句话乍一听是夸奖，但实际上，有时候事实却并非如此，它的潜台词是："干得还不够好，需要继续加油。"当在某种环境下，上司对我们说出这句话时，其实是在变相表达对我们工作的不满意。可能因为害怕影响我们的工作，上司才采用了这种委婉的表达方式。

"你要有耐心，是金子总会发光的！"如果单纯认为这只是一句鼓励的话，那就错了。有些情况下，上司说这句话的时候，其实是带着不满意的。想想看，为什么要让我们有耐心？那是因为，上司还没有看到我们所展示的工作成果，以及这个岗位的价值所在。"是金子总会发光的"，是在提醒我们，要尽快体现自己存在的意义及岗位价值。

"方案不错，我再回去看看。"上司说这句话的时候，否定的意味已经很明显了。所以，千万不要抱有太大的期望，或者可以准备下一套方案了。没有当场否定，极有可能是给我们留面子。要知道，只有在不满意的情况下才会犹豫，才会再三思量。如果很满意，就当场拍板了。

"有意见尽管提！"这句话是不是很熟悉？很多员工，可能都听过这句话。但是，千万别当真。如果当着别人的面，尤其是在公众场合，真的直言不讳地把你认为不好的地方都说一遍，那可就是不给上司面子了。所以，这句话的潜台词是："我就是谦虚一下，有话憋着，别找麻烦！"

"这事你自己看着办吧！"上司说这句话的时候，你真以为是对你前一段时间工作的认可？是对你极度的信任？恰恰相反，这句话表明，上司对你正在做的计划以及将要实现的目标都有意见。所以，千万别忙着得意，还是先把计划拿回去再想想吧。

"你最近在忙什么工作？"这句话看起来像是上司在关心下属的工作情况，但潜台词却是："你的工作出现了问题。"而且，至少是两个问题。第一是存在懒惰情况，第二是与上司之间的沟通出现了问题。想想看，是不是如此？只有不满意，或者不了解，上司才会这样问。

"你最近很忙吧？"这句话的潜台词和"你最近在忙什么工作？"相似，也表明上司对你有所不满了。当上司问这句话时，肯定不是让你说最近真的在忙什么，而是发现了你的懈怠和分心。所以，千万不要顺着说自己忙这忙那，赶紧表达自己会努力工作的态度最重要。

职场中的"潜台词"，可以说是数不胜数，几乎每个上司都有一套自己的"语言体系"。作为下属，我们不仅要会干活儿，还要会听话，听得懂上司的"潜台词"，才能更好地向上管理。

"听话"的艺术

很多人以为只要没有生理障碍，"听话"似乎不是什么值得琢磨的问题。是啊，听话谁不会听呢？然而事实却并非如此，在现代社会，随着人际交往的广泛深入，"听话"不仅成为一门学问，更成为一门艺术。

尤其是在职场中，要想工作顺利，要想事业蒸蒸日上，必须掌握"听话"的艺术。听谁的话？自然是上司的话了。而所谓的"听话"，并不只是简单的聆听，也不只是从字面意思去理解和执行。职场中的"听话"，是能从上司的话里，从只言片语中，从简单的信息中，领会上司真正的意图，进而准确地执行。这才是职场中真正的"听话"的艺术。

小 D 在某企业做总经理助理，入职半年多了。他平时工作很努力，总经理交代的事，总能第一时间完成。

这一天，总经理的朋友来访，两个人在办公室里关着门相谈甚欢。时间一分一秒地流逝，虽然到了下班时间，但作为总经理助理，小 D 只能老老实实待着。他心想，只要总经理的朋友走了，自己就可以下班了。

谁知道总经理却留朋友吃饭，并让小 D 在饭店订了位子。因为喝酒不能开车，总经理也没让小 D 回家，而是带着他一起去了饭店。

饭桌上，酒过三巡、菜过五味后，总经理让小 D 去催一下菜。这下小 D 有些蒙了。于是，他不理解地对总经理说："王总，菜单我看了，都上齐了啊！催哪个菜？"他的话音刚落，饭桌上的其他人瞬间住了口，空气仿佛都凝固了。

总经理瞥了小 D 一眼，面色不善地说："你再看看，是不是真上齐了？"

就在这个当口，总经理的朋友忽然哈哈大笑起来："小伙子，不管菜了，我们还需要一碗面条，你去后厨问问有没有，顺便再上几瓶矿泉水。"话都说到这里了，小 D 只好应了一声，走出包间。

小 D 越想越不对，就给同事打了个电话，说了这件事。同事一听就明白了，对他说："你呀，咋还没明白？上司可能是想谈一些别的事不方便你听到啊！这样吧，你让服务员送面送水过去，自己在外厅等他们出来就行。"

小 D 一听，这才恍然大悟。不过从此以后，总经理吃饭再也没有带过他了。

因为不会"听话"，小 D 逐渐失去了上司的信任。在职场中打拼，不是仅有能力就可以，还需要会听话里的话。这种"听话"的能力，不是拍马屁，更不是没有自我，而是职场人必须具备的一种素质和能力。

这种素质和能力可大可小，大时可畅通职场，改变人生，小时可能根本引不起我们的注意。但是，它的确是在职场中发展的利器。

不要不以为意，很多时候，"听话"确实能左右我们的职场发展。网上有个很有意思的视频，老板对员工说了一句："一个和尚有水喝，两个和尚抬水喝，三个和尚没水喝。"这话什么意思？新员工听得一脸懵，老员工却能根据不同的情境，分别听出"下班""加班""发红包"等意思。

具体为什么会有不同的意思，我们姑且不去探究，那只是段子。但不可否认，在职场中，这样的现象其实随处可见。因为听不懂上司在说什么、想要什么，导致工作执行不到位，辛苦半天还被上司批评的现实情况太多了。尤其是职场新人，刚入职场，什么都表现得很积极，有时却好心办坏事，原因就在于不会"听话"。

"听话"是一门艺术。在很多场合下，上司的一个眼神，一个示意，一句表面上不痛不痒的话，可能都代表着上司重要的安排与意图。想会"听话"，就要多锻炼自己的理解能力，从蛛丝马迹中领会上司的言外之意。

在职场中，想更好地掌握"听话"这门艺术，可以从以下几个方面着手。

第一，要有较强的领悟能力。如果上司安排一件事，我们觉得不合常理，怎么办呢？不要只想着事情的不合常理，要能想到，上司为什么会安排不合常理的事？他为什么要这样安排？有什么更深的用意？他的思维方式是什么？如果能想到这些，那就已经开始在领悟上司的意思了。这个过程可能会比较长，但凡事多想一想，提升自己的领悟能力，对能听懂上司的话很有帮助。

第二，要学会观察上司的情绪。真正的情商高手，一定是觉察情绪的高手。情绪是一个人的心情写照，会"听话"的人，往往能通

31

过识别上司的情绪，来达到辅助自己领悟的目的。这样更容易理解上司的话，达到事半功倍的效果。

第三，要学会场合预判。什么意思呢？就是要学会根据所处的场景，来判断上司的言外之意。比如前面案例中的饭局，上司如果说"你出去催一下菜"或"你出去给我买盒烟"，那就基本可以说明，上司是有事想要支开我们了。结合不同的场合，我们更容易预判上司的言外之意。

第四，要学会逆向思维。很多时候，上司的话看着说的是正面的话，其实表达的是另外的意思。比如，上司找我们谈话，说："小王啊，你最近工作做得还可以，大家对你也是挺认可的。怎么样，工作当中有没有遇到什么困难？有困难一定要和我说啊。"这可不是上司在关心，而是说明我们的工作最近做得不太好。正话反说，是很多管理者惯用的伎俩，而逆向思维则让我们能更准确地领会上司的意图。

第五，要学会从上司的语气轻重上做判断。和上司打交道，平时可以留意上司说话的语气是什么样子，心情好时的语气，心情差时的语气，遇到烦心事时的语气，都是不同的。因此，当我们发现上司语气跟平时不一样，情绪上出现波动时，不妨留个心眼，结合具体的环境和具体的情况认真做出判断，这有助于我们听明白上司的话。

职场会"听话"，其实并不复杂，多观察，多想，仅此而已。

上司问你有空吗，满分回答是什么

有一句话是这么说的："工作和生活要有界限，工作的时候好好工作，生活的时候好好生活。"这句话听起来充满理性和美好，但在实际生活中，很多职场人却难以做到。

为什么？因为很多时候，上司不愿意"放过"。

比如，周末刚跟朋友约好，准备去公园游玩，忽然收到上司信息："小王，你有空吗？"

是不是好心情瞬间没有了，取而代之的是忐忑和不安，甚至是烦躁——大周末的，领导找我啥事？不会又要加班吧？可是我都跟朋友约好了呀！这条信息，我回复还是不回复？装作不知道行不行？一时间思绪万千，犹犹豫豫不知道该如何处理。

在职场中，我们经常会接收到上司下达的模棱两可的指令。有时候甚至不是指令，只是一些没有下文的询问，比如"你有空吗""忙啥呢"。这个时候，回不回复，如何回复，就比较考验人了。

如果不回复，装作没看到，那万一上司找自己有重要的事呢？

如果回复，又该怎样回复呢？回复"没有空"，上司请吃饭怎么办？给上司留下不好的印象怎么办？回复"有空"，上司让加班怎么办？这些看似微不足道，但实际上，很多员工都会认真考虑，到底回不回复，怎样回复呢？

小刘是公司的技术骨干，技术虽然过硬，但却不太懂人情世故。这天，上司来检查工作，忽然对他说："小刘啊，董事长来了，你现在陪我去机场接一下吧！"

这可是重要的事，小刘不敢怠慢，跟上司一起去机场接董事长。在回公司的路上，上司突然问他"晚上有空吗？"，小刘一下子蒙了，回过神来，没有多想就照实回答："晚上没空啊，我要陪女朋友买手机，约好了的。"

上司"哦"了一声，不再说话。小刘把上司和董事长送到酒店，自己就直奔女朋友住处。董事长看着远去的小刘，对上司说："你这个员工啊，不太懂事，你要好好管教。"上司摇摇头："情商太低，不堪重用啊！"

后来，好心的司机悄悄提醒小刘："你得罪上司了，知道吗？上次那件事，领导问你晚上有空没有，本来是想让你陪同吃晚宴，想提拔你的，没想到你却放弃了，机会难得呀！"

小刘有些不服气："我也没错啊！上司问我有没有空，我跟女朋友早就约好了，老老实实回答没有空，有什么不对吗？"

司机摇摇头，叹了口气说："你没有错，但不应该啊！"

相信很多人都遇到过这类两面夹击、左右为难的事。有人处理得好，既能让上司满意，自己又不至于太过被动；有人处理得不好，不经意间得罪了上司，自己的事也没做好。

当上司问我们"有空吗？"，看似文明礼貌，实则平淡中暗藏"凶险"，让员工防不胜防。那么，到底应该怎样处理，才能化险为夷，转"凶险"为机遇呢？其实，要想拿出满分答案也不难，把握好几个关键点就可以了。

首先，宁弯勿直。简单来说，就是不要直接回答。

无论是电话还是微信，上司问"有空吗？"时，大概率是在休息时间。这显而易见，如果是在上班时间，上司一般会直接说"你来我办公室一趟"，或者直接安排任务。只有占用了我们的空闲时间，上司才会先问"有空吗？"，接着搬出"麻烦"我们的地方。

"你有空吗？加个班吧！"

"你有空吗？帮我去接一下领导！"

"你有空吗？帮我去客户公司送份资料！"

当然，也有可能是好事，不过概率很小。在这种情况下，怎样回答非常重要。如果我们像案例中的小刘一样，实实在在地回复"没空"，相当于直接堵死上司，不给上司面子。脾气再好的上司，心里也会不爽。

可是，我们如果秒回"有空"，上司就一定会满意吗？也未必！有些上司心里可能会想："看把你闲得，啥时候都有空"。

回复"没空"和"有空"都不太妥当，看起来，这陷入了死胡同。其实不然，这个时候，我们可以用"曲线救国"的方式来回复。比如，我们可以这样回复上司："我现在正在写某个方案，领导有什么任务吗？"这样回复，既显得我们很敬业，又给自己留有余地，进退自如。如果接下来上司安排的事对我们有利，那就可以放下"方案"去完成任务。反之，就可以用"赶方案"这个理由，拒绝上司的额外安排。进可攻，退可守。

其次，不要"装死"。装作看不见不回复，是最笨的应对方式。

当上司问"有空吗？"时，有些人喜欢"装死"，即用装作看不见的方式去应对。说白了，就是一个字"拖"，我就是不回复，等到第二天再解释。到那个时候，任务肯定已经安排给别人了。

这个应对方法看起来还不错，至少能避免很多麻烦。但别忘了，上司也是从小兵一步一步做起来的，他很清楚下属的小心思，也完全明白"不回复"背后是什么操作。小心眼儿的上司，会把这看成对自己的不尊重。如果是这样，那他就会对下属心生不满，甚至给"穿小鞋"。

怎么办呢？当收到上司"有空吗？"的信息后，不要秒回，也不要不回，而是要根据平常的工作情况，做一下简单的推测，判断一下上司找自己的真实意图。或许我们猜得不对，但多想几种可能，应对起来也更容易一些。想好对策之后，等个几分钟再回复："领导，您有什么安排吗？"然后，再根据上司安排的任务，及时调整自己的应对策略。

最后，无论怎样回复，态度都要认真端正。因为我们的态度，上司"看"得见。

如果在工作岗位上，上司问"有空吗？"不要直接回复有空还是没空，而是要放下手头的工作，直接去找上司询问。这种雷厉风行的行事风格，大多数上司都会喜欢。

找到上司后，如果上司安排的事与我们的工作不冲突，那就可以接受。如果上司安排的事与原计划工作有时间冲突，要第一时间同上司说清楚。只要是确实忙不过来，上司一般都会酌情考虑的。

另一种情况是休息时间上司问"有空吗？"，这个时候的回复态度也要端正。比如，我们可以先问清是什么事，然后这样回复："领导，我正在办理某某急事，预计下午五点办完。我尽快忙完手上的事，之后尽早完成这项任务。"

这样既优雅地拒绝了加班，又给出了解决方法，还表明了认真负责的态度。

当上司问"有空吗？"，你知道该怎么回答了吗？

看懂领导的表情，猜准他的正确想法

有位心理学家说过："在世界的知识中，最需要学习的就是如何洞察他人。"

在与人交谈中，既要察言，又要观色，把它们结合起来，这对提高控场能力十分重要。如果每个人都能察言观色，及时地改变先前的决定，及时地退或进，及时地把自己的言行组合或分解，及时地控制自己的情绪，那么，与他人的关系一定会更加和谐。

这几句话总结起来，其实很简单：一个人只有能够经常观察他人的言语脸色，揣摩他人的意图，才能在人际交往中做到知己知彼，有的放矢。因为在交流过程中，每个人的表情、动作，都会向外传达很多信息，捕捉这些信息，有针对性地加以利用，交往就会变得简单。

在职场中，察言观色同样重要。简单来说，察言观色，看懂上司的表情，正确揣测其想法，是职场人际关系的基本技能。通过观察，准确把握上司内心想法，工作办事"投其所好"，上司自然喜欢。反之，如果不会察言观色，等于不知风向便去转动舵柄，事情很难办好，弄不好还会在风浪中翻船。这样的员工自然不得上司喜欢。

上司的心理活动虽然隐秘，但不可能永远藏着，总会以这样那样的方式显露出来。所以，只要细心观察表情，认真揣摩，就能很轻松地猜准其想法，做出正确的应对。

小玲三十多岁，是一位资深会计。原单位因为经营出现问题，迟迟发不下来工资，小玲作为公司会计，心里自然很清楚是怎么回事。她主动找到领导，协商离职。

离职后，小玲在朋友的牵线搭桥下，找了家不错的创业公司。老板是"海归"，公司租用的是高档商务楼，福利待遇也很不错。在了解到实际情况后，小玲心中暗喜。接下来，就是谈条件了。

因为是朋友推荐，再加上小玲的资历很好，老板非常重视，专门抽出时间约小玲面谈。

老板戴着黑框眼镜，很有气质，脸上带着微笑，问小玲："你对我们这个岗位也有所了解了，那么你的期望薪资是多少呢？"

小玲看着老板，有些忐忑地回答："一万五。"

老板面上微微一愣，有些惊讶地确认："一万五？"

看到老板的反应，小玲有些慌了，暗自揣测是不是自己的开价高了。她只想着不能失去这个机会，却忽略了老板惊讶中还面带浅笑，赶紧再补了一句："当然，这个价格还有可谈的空间。"

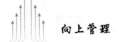

听了她这句话，老板脸上的笑意更浓了。他推了推眼镜，思索了一番说："这样吧，你看你也有行业经验，而且还是朋友推荐过来的，薪资我给你一万二。原本这个岗位的试用期是三个月，薪资百分之八十。你的话就不用了，试用期薪资给你百分之百，直接一万二，你看行吗？"

小玲听了，喜笑颜开地答应了。

入职后，她才听朋友说起，原来老板打算给她两万月薪的。所以当时她开口要一万五，老板的惊讶是因为她开价太低。小玲因为没有看懂老板的表情，自降身价，导致拿了较低的薪资。

在职场中，做一个察言观色的高手，而不是庸俗的溜须拍马，是一门实实在在的高深学问。毫无疑问，这也是处理好人际关系，尤其是上下级关系，发展人脉、畅通职场的利器。

正如上面案例中的小玲，如果她能通过察言观色，从上司的表情、动作中，准确揣摩上司的意思，那不就能在与上司的"博弈"中，占据主动权了吗？

看懂上司的表情，猜对上司的想法，是向上管理最基本的一项操作。那么在职场中，我们应该如何透过表情来察言观色，读懂上司的内心呢？

一般来说，可以从嘴、眼、身体等几个部位的细微变化，来读懂上司的内心。

嘴部的表情。在生活中，我们经常能看到紧抿嘴唇、嘟着嘴，或者咧嘴笑等嘴部表情。一个基本的常识是，这些表情可以表达很多不同的意思。因此，我们可以通过嘴部的变化来揣摩上司的心理。

如果上司总抿紧嘴唇，那就意味着他的情绪不佳。如果上司总是咧嘴笑，说明他心情很好，可能有什么高兴的事。如果上司嘴角微斜，时不时"嘿嘿笑"，这意味着讽刺或者蔑视，这时我们就要注意了。

眼部的表情。俗话说，眼睛是"心灵的窗户"，因此观察眼部表情，也是了解上司想法的一个很好的途径。

当一个人兴奋、惊恐时，瞳孔会放大；当一个人情绪低落、悲观失望时，瞳孔会缩小。瞳孔的变化，可以作为我们判断上司心情好坏的依据。另外，当上司的眼角、嘴角，整个面部表情略向下垂时，说明他正处于愤怒的边缘，没有什么紧急的事情，最好还是不要在这个时候汇报。当上司的眼睛眯起来，满是笑意时，说明他心情不错，有什么事抓紧汇报。

身体的动作。身体是最容易出卖主人情绪的，如果认真观察，就会很容易发现。

在汇报工作时，如果上司的身体后倾，跷着的二郎腿在不断抖动，这可能代表着他不耐烦了，抖动得越厉害，不耐烦指数越高。如果我们在这时做工作汇报，要言简意赅，尽快结束汇报。

那上司感兴趣的表现是什么呢？他可能会这样：身体尽可能靠向桌子，双手交叉放在桌子上，目光直视我们，或者认真地看材料。

而一手抚摸嘴或下巴，代表着他可能正在思考。

除此之外，还有很多不同的肢体语言，分别代表着不同的心理活动。点头、摇头、耸肩、摆手、扬眉、噘嘴……上司的每个肢体动作和表情都含义无穷。

比如，当上司两只手的指尖轻轻相碰，形成尖塔手势，放在嘴上或颌下，说明他对眼前的事很自信；聊天或工作时，上司一边说话，一边将身体往一侧倾斜，另一手向前平摊，手心朝上放在桌面上，语速减慢，双眼直视我们的眼睛，说明他在等着我们说话。

上司轻轻擦掌或频繁点头，说明赞同我们的观点；用手摸耳朵，说明对我们的话表示怀疑；手指托住下巴，说明对我们的话不耐烦；双臂环抱，身体靠后，说明希望快些结束谈话……

其实，看懂上司的表情并不难。只要我们想，就能从上司丰富的表情或肢体动作中，猜出他的正确想法。能辨风向才能使好舵，能从上司的表情和肢体语言中捕捉到“弦外之音”，才能及时做出应对。

如此，我们就能更容易做好向上管理了。

如何确定上司是真心器重你

在职场中，有这样一种奇怪的现象——并不是能力越强的员工，就越容易向上发展。很多时候，有些能力强的员工，待在原地好几年，也没能再向前一步。不是他们不想前进，而是"前进不了"。这是为什么呢？

原因很简单，他们能力虽然有，但却得不到上司的器重。我们来看一个案例：

小刘是一名刚踏出"985 工程"院校的毕业生，在学校每年都拿奖学金。走上社会后，他凭借出色的履历，成功进入一家知名的互联网公司。在公司里，他也很受大家欢迎。

但是，工作了几个月后，他却发现，上司还总是只给他安排一些很简单的工作。他有些着急，主动找到上司，想做一些更重要的工作。对于他的主动，上司没有说什么，只告诉他"过几天就给你安排"。

可是，过了很多个"几天"，他却一直没有等到上司给他安排的新任务。他开始怀疑，上司是不是想要把他辞退了。可是思来想去，他也没有想到自己到底哪里做错了，平时工作不仅认真，而且效率还高。这到底是怎么回事？

他大着胆子去问上司，上司却笑着对他说："你想多了，我挺看重你的。"

他有些困惑了。上司是看重自己吗？可为什么会这样？自己到底应该怎么办？

其实在职场中，这样的情况不在少数。有很多职场人，明明很有能力，工作也很认真，但却一直处在一个尴尬的位置。上司的态度很模糊，既不苛责，也不太过疏远，似乎想要重用，但却很少安排重要的工作。为此，那些在这样尴尬位置的人很是头痛——上司到底是不是真心器重？自己应该怎样做？

其实，他们所欠缺的，是看清自己在上司眼中的价值的能力。

在职场中，能力很重要，但运用能力得到上司重用更重要。只有得到上司重用，我们的能力才有用武之地，我们才能在职场这个平台上一展所长。

在职场中，总有很多像小刘一样的人，每天拼命工作，兢兢业业，却不知道自己是否真的得到了上司器重。上司的决策，可能会影响我们的一生。如果不清楚上司是否真心器重我们，那该如何去调整，甚至是改变，让自己变得更受上司喜欢？

所以，向上管理有一条重要的原则就是：如果不确定上司是否真心器重自己，就试着确定一下。那么，我们要如何确定呢？一般来说，可以从上司的这几种行为中做判断。

第一种行为，经常找我们谈话。有些人会对上司经常找自己谈话感到排斥，觉得上司和下属位置不同，话难投机。其实大可不必这样想，相反还要明白，经常找我们谈话的上司，一定是器重自己的上司。为什么这么说呢？

想想看，上司的时间是不是很宝贵？上司的手底下是不是有多名员工？上司的管理任务是不是很重？在这种情况下，他还能经常找我们谈话，就说明他非常器重我们。之所以要找我们谈话，可能是想了解我们的想法，或者想在工作上给予指导，让我们变得更优秀。总而言之，这是好事，别抗拒。

第二种行为，喜欢夸奖我们。喜欢夸奖我们的上司，一定是器重我们的上司。为什么这么说呢？因为夸奖代表着欣赏。朋友穿得漂亮，我们会赞美；孩子考试成绩优异，我们会夸奖。夸奖对方，一定是因为对方在某些方面表现很好。上司夸奖我们也是这个道理，如果是经常夸奖，那一定是看到了我们在工作上的能力，是肯定，也是器重。

第三种行为，把重要的事安排给我们。毫无疑问，上司把重大、重要的事安排给我们，是信任和器重的表现。想想看，重要的事代表着什么？代表着利益、地位，甚至是前程。而上司愿意把这样重要的工作交给我们，本身就是一种信任的表现。他认可我们的能力和忠心，相信我们能不负众望，完成任务。

第四种行为，尽可能把更多的利益给我们。在职场中，我们经常会遇到这样一类上司：语言上的夸赞不少，饼也画得足够大，但很少给实质性的利益。记住，这样的上司，肯定不是真心器重。为什么这么说呢？因为利益虽然不是万能的，但很多时候，它确实可以成为衡量感情的尺度。上司如果是真心器重，想要留住重用的话，就一定会给予较高的物质利益。如果明明应该我们得利，上司却利用手中各种权力，大肆克扣，甚至一点儿也不愿意让我们获利，那么，他一定不是真心器重。

第五种行为，经常带我们出入各种圈子。肯带我们经常出入各种圈子的上司，一定是器重我们的上司。因为带我们进入他的圈子，代表认可，也代表着关系更进一步。职场中的各种圈子，比如酒会、饭局等，在一定程度上，也是分享信息、资源共享的平台，上司肯带着我们，说明把我们当成了自己人。

第六种行为，为我们解决各种问题。比如，当我们遇到困难、处理不了的问题时，可以寻求上司的帮助，上司总能在力所能及的范围内帮助我们。我们在工作中出了错，上司主动承担责任，把错误揽到自己身上，就是想给我们更多的成长机会。这也是上司器重我们的一种表现。

当然了，确定上司是否真心器重我们，不需要上面六种行为全有。

实际上，一个上司只要能做到其中两点，就说明是真心器重了；如果能做到更多，那是我们的幸运，值得用心回报。

总而言之，真心器重自己、赏识自己的上司，可遇不可求，一旦遇到这样的好上司，那就全身心投入工作吧，好的工作业绩，才是最好的回馈。

多看多想，在职场中，判断上司是否真心器重，其实并不难。

领导开始嫌弃你的征兆，你盘点过吗

在职场中，我们不可能永远一帆风顺。实际上，多数人的职场之路都是布满荆棘，曲折坎坷的。比如，有些时候，我们明明很努力，工作也做得不错，可却还是会被上司忽略，甚至是嫌弃，这就很让人糟心了。

为什么会被上司嫌弃？原因可能有很多。工作能力不强、业绩不好、性格不合等因素，都有可能导致我们被上司嫌弃。被上司嫌弃不可怕，我们可以通过努力，让自己变得更加优秀，以此改变上司对我们的看法。可怕的是，我们埋头苦干，兢兢业业，却没有发现上司已经在暗暗嫌弃我们了。

在职场中，不知道自己被上司嫌弃，才是最可怕的事。因为这样连补救和改善的机会都没有。那等着我们的会是什么？得不到重用，或者最终黯然离开。简单来说就是，如果我们被领导嫌弃而不自知，那么就会影响我们的职业发展，很难有机会进步。

老赵是某公司设计部一名资历很老的员工，最大的缺点是性格内向。就像大多数设计师一样，他把所有的精力都放在了工作中，几乎没有什么人际交往。每天一到公司，他就全身心地投入工作，从来不多管闲事。

可就是这样一个踏实的员工，却逐渐遭到上司嫌弃。

直到辞职的那天，他才明白，自己其实被上司嫌弃，被边缘化了很长时间。这还是一个关系还不错的同事告诉他的。

原来，老赵属于典型的技术好、人际差的员工。在专业方面，他很厉害，既懂各类设计，又懂规划，还拿过不少奖项。但是，他的人际关系很差。虽然他平时不争不抢，对事不对人，但办事过于死板，不太懂人情世故。

因为性格原因，他在不经意间得罪了设计经理，甚至连副总经理也得罪了，于是才逐渐被边缘化。

老赵在刚开始时对这些丝毫不知，只是感觉上司对自己的过问越来越少，工作越安排越少。后来实在不喜欢这种感觉，于是提出了离职。

从职场发展来说，一旦被上司嫌弃，那么职场之路就岌岌可危了。没有上司的支持和提携，即使非常努力，也很难改变自己被动的命运。因此，最好的做法是，及时发现上司态度的转变，在上司真正放弃我们之前，想办法补救。

那么，怎样及时发现呢？一般来说，上司开始嫌弃我们时，会有一定的征兆，只要留意观察，就能够发现。

总体来说，上司嫌弃我们时有以下几种征兆。

第一种是频繁批评。上司如果嫌弃我们，比较突出的表现形式是对工作进行频繁批评。无论我们的工作表现好坏，上司都能找出问题并加以批评。

第二种是不闻不问。上司如果开始嫌弃一个人，是不会直接说出来的，而是会采用边缘化的方式，不闻不问。不管这个人说什么，上司的回复都比较慢，甚至是不回复。不管这个人做什么，上司都会装作看不见。这种方式，会让人对工作和自己慢慢产生怀疑，最后自动离开。

第三种是质疑工作能力。当上司开始质疑工作能力时，就说明开始嫌弃我们了。比如，本来是我们在负责的工作，上司却不再征求我们的任何意见，而是命令式的安排。因为不信任，上司会本能地觉得我们的工作思路和方法有问题，不适合独立展开工作，只适合执行命令和跑腿。

第四种是分配的工作技术含量低。分解工作任务时，别人的任务比较重，而你的任务不仅轻，而且技术含量比较低。比如，别人做方案，而你却只能打印校对资料、打电话发通知、跑腿送东西等。如果原本我们应该负责比较重要的工作，现在上司只让我们干杂活儿、干轻松的活儿，那就更说明我们被嫌弃了。

第五种是不再当众表扬。我们在前面说过，当上司重视一个员工时，会很喜欢夸奖该员工。同样的，当上司嫌弃一个员工时，除了总是批评外，也不会再当众表扬。就算该员工做了一件值得表扬的事，上司也只是私下口头上夸几句，拒绝当众表扬。

第六种是不再带我们参加重要活动。当同事提起跟上司参加的某个重要活动、重要会议、重要饭局时，我们一概不知，那就说明我们已经被上司边缘化了，不再是他核心圈子里的成员了。

第七种是公开让我们出丑。如果出现这种情况，那就说明情况非常糟糕了。上司是不会让自己看重的下属公开出丑的，让我们公开出丑，那说明已经非常嫌弃了。这个时候，如果还不想办法去缓和，恐怕离走也不远了。

第八种是不公平的事明显增多。职场是一个相对来说比较公平的地方。当发现上司开始区别对待，甚至有明显的倾向性时，那说明已经对我们非常嫌弃了。如果不是在考验我们，那就是在故意为难，想让我们知难而退。

职场如战场，每一步都充满着考验和挑战。我们在前面说过，被上司嫌弃不可怕，可怕的是被嫌弃而不自知。而通过上面的几种征兆，我们就能结合自身实际情况，弄清楚上司到底有没有嫌弃自己。没有最好，如果有，就可以早采取对策了。

第三章

如何获得上司的认可

你以为，工作能力强就能得到上司的认可吗？你以为，勤勤恳恳、兢兢业业，就能得到上司的重视吗？在职场中，工作能力和勤奋是很重要，但绝不是唯一。很多时候，上司反而更看重其他东西，比如忠诚度、执行力等。所以，要想获得上司的认可，你可能需要做很多准备，既要能干，又要能拼；既要勤奋，又要忠诚；既要勇敢，又要睿智；既要会察言观色，又要能顾全大局。总之，慢慢学，慢慢做，获得上司认可的路，一般都是漫长的。

领导比较看重什么样的下属

在职场中，每个人都希望自己能够得到上司的重用。因为只有得到上司的重用，才能获得更多的晋升机会，职场之路才能更加通畅。

在职场中，我们经常会发现这样的现象：有的人兢兢业业，勤勤恳恳，努力工作，却总得不到上司重视，职业发展再难往前一步；而有的人虽然工作上不怎么努力，但却深得上司器重，很快就得到升职加薪的机会。这不禁让人困惑：为什么会这样？工作能力不是上司看重的唯一标准吗？上司到底比较看重什么样的下属呢？

大学毕业后，通过应聘，小白进入一家规模不大的计算机配件制造公司工作。朋友们都劝他，说公司太小，平台不够好，不利于自己的职业发展。他却不以为意，认为在小公司可以得到更全面的锻炼。

因为是新人，他的业务能力并不突出，在公司里属于无关紧要的角色，老板甚至注意不到他的存在。

他来公司半年后，公司接到了一个大订单，要求公司提供 80 万张硬盘。这对当时的公司来说，已经算是超级订单了。老板很兴奋，立即组织全体员工投入到这个项目中，并把全部的资金都投入到了这个项目中。

然而，还是出现了问题。由于技术不过关和管理上的疏忽，生产出来的硬盘出现了严重的质量缺陷，被客户全部退货了。对于一个投入全部资产的小公司来说，这无疑是个致命的打击。公司不仅没有赚到钱，反而欠了很多债务，不断有债主上门讨债，后来连支付水电费都成了问题。

虽然经济出现危机，但老板为了安抚员工，还是想方设法筹借到一笔钱，用来给员工发工资。发工资时，老板召开了会议，向员工坦白公司面临的困境，并提出希望大家能和他同舟共济，一起渡过这个难关。然而，拿到工资后，还是有很多员工选择了离职。他们认为，公司肯定难以经营下去，早走还能拿到工资，晚走估计连工资也没有了。

甚至还有几个员工认为公司走到这一步，老板应该承担所有责任，并以此为由向老板索要赔偿金。其中就包括几个平时看起来"忠心耿耿"的人，这让老板非常痛心。他把借来的钱，全部赔偿给了离开的员工。

小白没有走，也没有索要赔偿，这让老板感到很奇怪："大家都走了，你为什么不走呢？如果现在走，我可以赔偿给你双倍工资。我现在虽然身无分文，但还是能借到一些钱的。"

小白笑着说："老板，我没想过要走啊。我认为公司还有希望，你是公司老板，你在，公司就在。我是公司员工，公司在，我就不会走。"

老板被感动了，他对小白说："有你这样的员工，我更应该振作起来。可是，公司现在濒临破产，可能很难再起死回生了。你应该像他们一样，离开这里，去找新的工作。"

小白摇摇头说："老板，公司发展好的时候，我加入进来，公司教会了我很多东西。如今公司遇到了困难，我更应该留下来，和公司一起渡过难关。"

就这样，小白坚定地留了下来，并把自己的积蓄全部借给了老板。在接下来的日子里，他跟着老板东奔西跑，开拓市场，把仓库里积压的硬件一点儿一点儿卖了出去，回笼了部分资金。靠着这个方式，公司慢慢有了转机，一年后转亏为盈。

老板没有亏待小白，不仅任命他为公司副总，还给了他 30% 的股权。

有些人会说，并不是所有人都有小白的经历以及魄力。难道不能跟公司生死与共，就无法得到上司的认可与看重吗？当然不是。职场如战场，像小白一样跟公司一起经历"生死考验"的人毕竟是少数，大多数职场人都是在一个相对安稳的职场环境中，慢慢积累。在这种环境中，上司当然也会有选择。

没有"生"与"死"的考验，那么上司更看重什么样的下属呢？一般来说，在一个公司中，上司比较看重的下属一般具有以下特征。

一是工作能力较强。任何时候，工作能力都是上司看重的重要因素。千万不要有"能力不强也可能会被上司看重"的想法。工作能力强的人，往往能及时处理好工作中的大事小事，为公司带来业绩和利益。比如，公司正在运转的设备出现了问题，或者是技术上出现了问题，工作能力差的人一筹莫展，而工作能力强的可以很快搞定。你说，上司会更看重哪类人呢？

二是做事灵活。做事灵活会变通的下属，上司一定更喜欢。原因很简单，因为这类员工往往能轻松理解上司的意图，并灵活执行。因此安排重要任务时，这类员工也往往会让上司更放心。另外，上司与这类员工相处起来也更愉快。

三是人缘好。无论在什么样的团队中，一个人的能力再强，也不可能孤军奋战。因此，上司会很喜欢那些沟通能力强，人缘又好的下属。因为这类下属，往往能很好地凝聚团队，发挥出强大的团队战斗力。另外，这样的人，还能拉近与上司、同事之间的关系，进而营造出一个团结和谐的团队氛围。这些都是上司愿意看到的。

四是执行力强。在职场中，每个上司都会更喜欢执行力强的人。因为这类员工，往往能够快速执行上司交代的任务，并认认真真地完成。上司是团队的管理者，他们当然更希望自己下达的每一条指令都能被快速执行，这更有利于工作的推进。当然，仅执行力强还不够，如果能把任务做得漂亮，上司就会更器重了。

五是忠诚度高。毫无疑问，每个上司都更喜欢忠诚度高的下属。能力再强，如果忠诚度不够，随时准备离开，也可能无法为自己所用。因此，在任何一家公司，上司所看重和想要提拔的人，必定是忠诚度高的人。这里的忠诚，指的是工作上的服从和对上司的追随，我们想要做到并不难，用心跟着上司就行了。

除了上述几个特征，上司比较看重的下属还会具有一些比较好的品质，比如为人正派、敢于担当等。因为就算工作能力再强，做事再灵活，如果没有好的品质为基础，那上司也不敢轻易看重和提拔。

上司通过哪些细节判定一个人

在职场中，怎样才能赢得上司的信任？这是很多人都在苦苦追寻的职场谜题，也有很多人根据自己的职场经历给出了不同的答案。

要紧密团结在上司身边，做上司的贴心人；

要听上司的话，上司说什么，不管对错立即执行；

要以上司为中心，时时处处维护上司的地位和尊严，保持坚定的立场；

不需要那么复杂，让自己的工作能力突出就可以了。

其实这些不全对。因为我们是站在自己的角度看待问题，却没有想过，"我怎样做上司才喜欢"，上司喜不喜欢、信不信任我们，更多是取决于他们眼中看到的我们是一个什么样的人。

换句话说，上司会根据自己观察到的来判定我们是一个什么样的下属，值不值得信任和提拔。

这也是很多员工明明很努力，却总得不到上司提拔的原因。因为上司很可能已经通过自己观察到的细节，比如"不够忠诚""没眼力见儿"等，给员工贴上了"不值得信任"的标签。所以在职场中，作为下属，我们千万不要忽视任何细节，因为被忽视的细节很有可能就是上司判定我们的依据。

老孙是某单位的科室主任。有一次，他带着几个人到一个基层单位调研工作。因为出发前天气比较热，几个人穿着单衣就去了。

可第二天，天气却突然变了，忽降大雨，温度骤降。忽然变冷让一行人猝不及防，他们瑟缩着身子，看到周围的人都是厚装在身，既寒冷又尴尬。

当地单位一个年轻的秘书小刘看到这种情况，二话不说，火速从单位同事那里借来几件厚衣服，逐一发给调研人员。老孙接到衣服，心中一暖，不由得对小刘高看一眼。不过，更让他惊讶的还在后面。

老孙发现小刘借来的衣服，虽然颜色款式五花八门，但实际上还是有区别的。小孙发的时候，给领导的都是中规中矩的衣服，而工作人员的就各有不同了。老孙看着自己身上浅灰色的夹克，不由得感慨：真细心！

老孙因此特别观察了一下对方。他发现，小刘虽然也在忙自己的工作，但视线却时刻不离领导。领导走到哪儿，他的视线就跟到哪儿，领导有什么需求总能第一时间做出反应。

调研的最后一天，老孙想安排工作人员把衣服洗净送还给小刘。哪知道，小刘却像是猜透了他的心思一样，直接告诉他，明天统一拿回家清洗。

老孙特别佩服小刘，他对身边的同事说：看着吧，这个小刘很快就能提干。不久之后，小刘果然提干了。

很显然，老孙看到的地方，小刘的上司也看到了。可能正是通过工作中的种种细节，上司认定小刘是一个可堪重用的人才，于是便有了后来的提拔。

在职场中，除了勤奋和踏实外，还有其他关键因素可以帮助我们赢得上司的信任并实现更好的个人发展。而要想长期赢得上司的信任，获得更好的发展，关键还得靠战略。所谓的战略，首先就是要站在上司的角度看问题，弄明白上司到底喜欢通过哪些细节判定一个人。知道这些后，我们就可以有针对性的，既把工作做好，又不放过上司看重的细节。

那么，上司到底喜欢通过哪些细节来判定一个人呢？

一般来说，不同的上司，所看重的细节也不同。但总结起来，几乎都离不开以下几个范畴。

第一，认不认死理。在职场上，每个人的眼界、认知、立场、想法等，都会有所不同，这就导致处理事情的方式会有不同。有些人比较灵活，在面对上司时，会根据事情的发展随时调整计划。但是，有些人却不知变通，喜欢认死理。

比如，工作出了差错，明明不是我们所为，可上司过来就是一顿批评，让我们饱受委屈。这个时候应该怎么办呢？聪明的员工会不争不辩，等上司气消了再做解释。而有些认死理、爱较真的员工就不行了，他们生怕上司误会自己，也受不了委屈，就会立刻跟上司就事论事争辩起来。

殊不知，这样越认死理上司越反感。就算最后上司知道自己不占理，也不会减少对认死理员工的恶感。

第二，态度好不好。在职场中，很多时候态度比工作能力更重要。

比如，周末的时候，你正在休息，上司却突然打来电话，叫你去加班。你去不去？如果不想去，你会怎么和上司说？你原本的工作已经很多，上司却突然又安排了新的工作，你做不做？很多人的做法是，勉强同意了，态度却很不好，发了很多牢骚。

很多时候，我们虽然做了工作，但还是会被上司嫌弃，原因就是我们态度不好。所以说，当上司交办工作时，我们要保持积极的态度，以尊重和支持上司的决策。即使我们感到委屈或不满，也应该以委婉的方式表达，避免出言顶撞或让上司丢面子。我们的态度好不好，上司时刻看在眼里，记在心里。

第三，有没有替上司着想。在职场中，无论是工作还是人际交往，我们都应该学会换位思考，考虑问题要全面、深入、细致，多做与人方便的事，尤其是要与"领导方便"。不过，在职场中，很多人往往只考虑自己，而忽视了上司。

比如，忙到半夜，我们终于把手上的方案做完了。这件事完全可以等第二天再汇报，但为了表现自我，我们却连夜给上司发信息、打电话。而这个时候，上司才刚刚睡着。这就是只考虑自己，没有替上司着想。

职场中的换位思考，不仅要与同事"换位"，也要与上司"换位"，知道上司想要什么，喜欢什么，什么时候在休息，什么时候忙得脚不沾地……多替上司想一想，多分担一些，上司能够从细节中感受到。

第四，有没有惦记上司。无论是生活中还是职场里，每个人都喜欢被人惦记。当然，上司也喜欢被人惦记。那怎样才算是惦记上司呢？

比如，上司感兴趣的话题，我们知道；上司喜欢吃的菜，我们记得；上司重视的工作，我们紧盯着；上司喜欢喝什么茶，爱喝什么酒，我们也都心中有数……无论是工作中的大事，还是生活中的小事，我们都尽可能地记在心里，落到实处，这就是惦记。

能记住上司的事，是一种能力的体现。不需要太刻意，上司就能从工作中的点点滴滴感受到我们的惦记。

当然了，我们前面提到过，工作能力强、做事灵活、执行力强、人缘好等，也都是上司考察我们的重点。每个职场人都要知道从哪几个地方发力，而前面的几个细节更容易被忽视。

不过，容易忽视的细节更要全力以赴，认真对待，做好了，这些都会是我们职场路上的加分项。

当众介绍领导，说职务就够了吗

作为下属，同领导一同外出，或者参加重要活动时，经常会遇到一种情况——需要当众介绍领导。这看似是一件微不足道的小事，但其中却大有学问。

如果介绍得不好，不仅会丢了领导的面子，还会影响领导对自己的看法。常见的错误是介绍领导时只说职务。

小何在某市粮食局工作，是位科员，和老马在同一个办公室。老马是粮食局的老人，虽然只是科员，但工作经验丰富，很会办事。尤其是他的长相，面阔口方，眉毛粗浓，不说话的时候，有种"不怒自威"的气质。

有一天，科长来到办公室，向老马交代一些事情。这时，一个下属公司的会计小张过来了。

小张刚入职新公司不久，属于职场新人。因为工作上的关系，小何和小张接触过几次，算是熟人了。小何见小张过来，刚好科长也在，连忙主动为大家介绍。

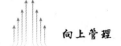

他先向科长介绍说："这是某某公司的会计小张。"

随后又顺其自然地向小张介绍科长："小张，这位是李科长。"

科长和老马刚好站在一起，于是出现了尴尬的一幕：小张平淡地向李科长点了点头，说了声"你好"，然后三步并成两步，绕过科长，走到老马面前，双手递了根香烟，接着跟老马热情地攀谈起来，完全忽视了站在一旁的科长。

这时，科长的脸色已经有些难看了。

小何目瞪口呆，已经不知道如何应对了，一个劲在心里狂呼：小张啊小张，你旁边的李科长才是我们科室的领导啊！你这样让我们领导的威严何在？

虽然心里着急，可是小何也不敢贸然插话，因为弄不好，大家反而更尴尬。没办法，他只好把头默默地转向电脑，装着忙工作。

科长待了一会儿，也感觉有些尴尬，于是咳嗽两声转身离开了。

小何知道自己又做了件蠢事，得罪了科长。

有些人可能会觉得奇怪：小何向小张介绍科长，没做错什么啊！真是这么简单吗？不是。小何的错，在于他在介绍领导时没有将领导的详细情况介绍清楚。他说的是"李科长"，而不是"我们科室领导李科长"。

在有些单位里，旁人称呼别人时，往往喜欢加高一级。比如，对方是科员，却要喊成"科长"或者"主任"等；对方是普通员工，却要喊成"刘总""陈总"等。这是一种职场"潜规则"，也是一种职场文化，用意自然是恭维别人。

按照小何的介绍，小张其实并没有做错什么。因为小何介绍的是"李科长"，小张自然而然就把他定义为"别的科室的普通员工"，这当然没有什么热情可言了。反倒是本科室的老马，长相威严有官样，这足够让小何恭敬了。

当众介绍领导时，如果只说职务，容易引起麻烦。所以介绍的时候，要尽量做到正式、严谨、有序。尤其是介绍职务的时候，不仅要全，还要准确。

那么介绍的时候，除了说清楚职务，还有其他需要注意的吗？当然有了。职场礼仪也是一门学问，里面的"坑"很多，稍不注意就容易掉进去。

第一，地位高的人优先拥有知情权和终止权。在职场中，我们经常要介绍他人互相认识，先介绍谁、后介绍谁，这都是有讲究的。一般来说，有三个重要原则，一是让职位高的人优先获取信息，二是让职位高的人获取更多信息，三是让职位高的人有优先终止对话权。

当众介绍领导时，也要考虑这些，以免闹出乌龙事件。

第二，如果两位领导职位差不多，要"尊客为上"。什么意思呢？也就是说，如果两位领导的职位差不多，分不清谁高谁低，那就要尊重客人。比如，你陪领导去拜访其他公司的领导，那就应该由对方先介绍自己的领导，再介绍你的领导。因为你的领导是客人，"先知情"是对方的一种尊重。

当然，如果由你来介绍，也要把对方当成客人，先介绍自己的领导，再介绍对方的领导，以示尊重。如果客人到公司来访，你也要对客人先介绍自己的领导，以示对客人的尊重。

第三，非正式场合，要尊重传统礼仪，学会随机应变。在很多非正式场合，比如机场候机、商务酒会等，也可能会需要当众介绍领导。这时要怎么介绍呢？

这时要遵循基础礼仪法则。什么意思呢？就是要遵循传统礼节的惯例，比如要"尊重女士"，先把男士介绍给女士；要"尊重长者"，先把年轻人介绍给年长者；要"尊重客场"，先把本地人介绍给外地人。这样介绍才不至于失了礼数。

比如在聚餐时，你要先把领导介绍给团体，可以这样说："各位朋友，这是我们某某公司的总经理张总。"再介绍团体："张总，在座的都是某公司的代表。"这样介绍，简单而不失礼貌。

当众介绍领导时，说职务就够了吗？现在我们知道了，自然是不够的。除了职务要说完整、说准确外，还需要掌握很多细节，比如我们上面列举的先介绍谁后介绍谁，主客之间如何介绍，如何介绍才能不失礼数等。这些都是我们作为下属要懂的。

总结起来一句话：当众介绍领导，介绍得好，领导有面子，我们有前途。介绍得不好，领导心生不满，我们也没话说。

提拔不提拔，到底谁说了算

在任何单位，追求职务的晋升，都是职场中的热门话题。不想当将军的士兵不是好士兵，同样，不想升职的员工也不是好员工。可以这么说，几乎每个职场人，对升职加薪都有期盼。

然而现实中，升职加薪却不是人人都能实现的。是什么影响了我们的升职加薪？或者说，怎样才能升职加薪？

很多人认为应该看能力，能力强、业绩好的员工，就应该被提拔，否则就是单位不公，领导识人不明。还有人认为，能升职加薪的人，都是有眼力、会办事的人，与能力和业绩无关。在职场中，我们也经常会看到这样的现象：有些人的能力平平无奇，业绩也不是特别出色，却升职加薪了；有些人明明很会办事，左右逢源，却一直没有得到晋升的机会。这到底是怎么回事？职场中的晋升为什么不按常理出牌呢？

有人总结出了职场晋升的三个关键字，即"水、机、关"。"水"指的是水平和能力，有一定的水平和能力才有晋升的机会；

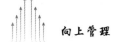
"机"指的是机遇，机遇在晋升这件事上起着非常重要的作用；"关"指的是关系或人脉，有人脉的人得到的晋升的机会会更多。

这三个字总结得有一定道理，但也不尽然。

小 C 在机关单位工作，担任一把手的秘书。

当了一段时间秘书后，小 C 发现了工作的技巧。他发现，每天都会有很多需要领导阅批和签字的文件送到领导办公室，这个工作量很大，领导经常要忙到很晚。如果能把这些文件提前分类，领导的工作就方便多了。

于是，每天在把文件送到领导办公室前，他都会先把文件分成两类，一类是程序性签字确认的文件，另一类是各部门申请审批的文件。他把不着急的、程序性签字确认的文件放在领导办公桌的左边，把等着申请审批的着急文件放在领导办公桌的右边，方便领导处理。

为了节省领导的时间，他还想了个办法，把每一份文件翻到签字页，并用曲别针夹住。这样，如果领导不想翻看文件，就可以一下子翻到签字页签字，大大节省了时间。就算领导想翻看文件，用曲别针夹住也不碍事。

领导自然发现了他的细心，大为赞赏。

后来，办公室里一个重要岗位空缺，好几个人都对这个岗位感兴趣，包括两个资历老且跟一把手关系很好的科员。但谁也没有想到，学历不高、能力一般的小 C 却获得了晋升机会，这让大家很是不解。

学历不高、能力一般的小 C 是如何获得晋升机会的呢？显然，起决定性作用的是一把手。在职场中，提拔不提拔到底谁的意见最重要？领导。

好的领导知人善任，谁适合哪个岗位，谁有协调能力，谁业务精，谁办事细，谁管理能力突出，全都看在眼里。所以，在职场中，我们要想尽快获得提拔，除了要不断提高个人能力和业务水平外，还要好好表现，注意细节，尽早让领导"发现"我们，"认识"我们。

如果我们是金子，就一定要及时擦去灰尘，让领导看得见。

虽然有人认为"是金子总会发光的"，但如果我们身上的"灰尘"太厚，或者上司在南半球徜徉，而我们却在北半球发光，那上司还能看到我们身上的"闪光点"吗？大概率看不到。所以我们必须学会表现，尝试靠近，尝试擦去"灰尘"。表现不是为了炫耀，而是让上司知道我们的价值。

所以，聪明的职场人往往会记住几个关键词，比如"创造""合适的""机会"等。意思显而易见，就是我们要有意识地去做，而不能一味被动等待，积极主动一些，也许一切都不同了。

举个例子，你的归纳能力很强，逻辑思维能力很强，如果你一直静静等待，可能永远也等不到展现的机会。因为这些能力是隐性的，你不"拿"出来，它就永远不会主动跳出来。可是，如果在有领导的会议上，你主动发言，把这些特质短时间集中表现出来，那么就有可能得到领导的认可，给他留下深刻的印象。而这样的印象，就是你得到提拔的关键。

在任何一个单位，较高的职位永远都是稀缺品，不可能满足所有追求者的需求。有限的较高的职位，到底谁上去，谁原地踏步呢？这个选择权往往掌握在领导的手中。尤其是私有企业，老板的态度是决定晋升的唯一因素。

那么，除了领导的态度，还有没有其他因素能决定晋升与否呢？当然也是有的。

比如群众基础。在一个单位，领导是核心，但我们一定不能拜高踩低，只围着领导转。如果我们只围着领导转，其他人怎么看。不要觉得其他人的态度不重要，实际上，领导如果想提拔我们，往往也会考虑其他人的意见。

如果我们有良好的口碑、人缘，以及较好的人际关系，领导提拔我们自然水到渠成。那如果我们群众基础不好，没有人缘，四处树敌，这时领导想提拔我们，也会斟酌一下。他们会想：人缘不好，肯定是人品不好。他现在四处树敌，提拔后能做好工作吗？我需要冒这个风险吗？这么一来，提拔估计就困难了。

一位老领导对于年轻人的提拔过程，有个形象的比喻：桃子熟了摘桃子，苹果熟了摘苹果。意思是说，年轻人要多提升自己，多努力，多沉淀，等完全成熟的时候，被提拔自然是水到渠成的事。

换句话说，假如我们积极上进、与人为善、聪明能干、精通业务、出类拔萃、做事灵活，领导一定看得见，早晚会被提拔。所以，如果我们现在还没有被提拔，也不用着急，多用点儿心，强大自己，厚积薄发，在职场的路也许会走得更远，更平稳。

领导都喜欢这样的下属

在职场上，领导就是员工的指路人和启蒙者。如果遇到好的领导，那我们的能力会越变越强，职场之路会越走越顺。反之遇到不好的领导，那我们的职场之路，也必定会曲折坎坷。

如同我们希望自己能遇到好领导一样，所有的领导也都希望自己能遇到好的下属。正所谓"一个篱笆三个桩，一个好汉三个帮"，领导也需要优秀的下属帮助自己。在领导眼中，好员工犹如左膀右臂，能成为自己的得力助手，帮助自己取得事业上的更大成功。

因此我们需要好领导，好领导更需要好员工。

那么，什么样的员工是领导最喜欢的呢？或者说，是领导最想用的呢？

小 A 是一家软件公司的销售精英，为人精明能干，业务能力很强。在销售部门中，他的业绩从来没有掉出过前三名。由于小 A 业绩好，他自然认为自己是领导的得力助手，理应得到赏识和提拔。但奇怪的是，每次晋升时，他总是被忽略，而那些业绩较差的同事却得到了更好的待遇，这让他心里很不舒服。

他向朋友抱怨说："领导是嫉贤妒能，他肯定是害怕我的能力太强，会威胁到他的地位，所以才不断打压我。他喜欢的是那些能力平平、温顺听话的员工！"

小 B 也是这家软件公司的员工，不过是在行政部。他性格内向，为人实在，每天谨小慎微，从不犯错。在他看来，自己只要做好分内的事就行了，工作完成得漂亮，领导自然会看到。他觉得自己只要努力坚持，必然会得到领导的重视。

可入职公司五年多了，他却依旧原地踏步，既没有升职，也没有加薪。领导也曾当着他的面说，他干得不错，耐得住寂寞，以后会有前途，可是却从来不给他升职加薪。这让他很是茫然，不知道自己错在哪里。

他也向朋友抱怨说："我很努力，也很听话，可为什么领导还是不喜欢呢？我实在搞不明白，领导到底喜欢什么样的员工。"

看完这两个案例，我们是不是也感到迷惑了。能力强、业绩好的员工，领导不喜欢；踏实听话的员工，领导也不喜欢。那领导到底喜欢什么样的员工？或者说，我们要朝着哪个方向努力，才能让领导喜欢？

以下类型的员工领导更喜欢。

一是忠诚又能干的员工。俗话说，有德有才是正品，有德无才是次品，无德无才是废品。在职场中，德才兼备的员工，往往更招领导喜欢。忠诚是德的重要组成部分，是职场管理的核心，只有忠诚的员工，领导才敢放心用，而不担心出现意外。在忠诚的基础上还能干，那就意味着可以胜任领导安排的所有工作，这是所有领导都想要的。

二是经常请示汇报的员工。为什么领导会喜欢经常请示，或者汇报工作的员工呢？原因很简单，领导不能二十四小时盯着员工，而员工的主动请示和汇报，可以让领导更好地掌握工作情况和问题，了解更多信息，进而更高效地推进工作。当然还有一个重要原因，那就是经常请示和汇报工作，本身就是对领导的尊重。想想看，哪个领导不喜欢尊重自己的员工呢？

三是有担当的员工。在职场中，领导也不可能总是一帆风顺的，也会遇到各种问题。当出现突发事件、重大问题或紧急情况时，敢于勇挑重担，力挽狂澜的员工，往往是领导喜欢的。试想，哪个领导不希望自己身边有一个敢担责、靠得住的"勇将"呢？

四是"三观"相近的员工。领导也是平常人，他们也喜欢与"三观"相近，性格、兴趣、爱好相似的人在一起。与这样的员工在一起，领导会感觉很舒服。话不多说，一点就透，一个眼神、一个动作，员工就能知其心，明其意。这样的员工，用起来得心应手，还有共同语言，领导怎么会不喜欢。

五是察言观色的员工。毫无疑问，懂得察言观色的员工，往往是领导的"最爱"。因为他们能够从领导的眼神、衣着、坐姿、肢体语言，甚至是习惯等方面，揣摩出领导的意图，并及时应对。这类员工会很让领导省心，话不用说太白，事不用做太细，下属已经安排得妥妥当当了。

六是顾全大局的员工。职场上，领导也喜欢那些能够顾全大局的员工。这样的员工能够在团队遭遇挫折时主动站出来维护团队利益。必要时，就算牺牲个人利益也在所不惜。领导怎么会不喜欢这样的员工呢？

七是能维护领导权威的员工。任何一个领导，都希望自己的决策命令能得到员工的认同和拥护。他们希望员工能够尊重领导，主动维护领导的威信；服从安排，不折不扣地执行领导的工作部署；维护领导，敢于同损害领导形象的现象作斗争。

总结起来，领导喜欢的下属，无非有三个特质，即"省心省力""有面子""有利益"。

什么是"省心省力"？忠诚能干、经常汇报工作、有责任有担当。这样的员工自己能做事，能平事，而且还不惹事。他们知道自己要做什么，而且还能做得很好，让领导不用操心。

什么是"有面子"？他们懂察言观色，服从领导安排，能帮领导长脸，能自觉维护领导权威。对于一切不正当的、有损领导权威的行为，能坚决制止，这就会让领导"有面子"。

什么是有"有利益"？和领导"三观"相近，能让领导感到舒服；聪明能干，能通过协助领导，帮助领导取得更大的成果；能顾全大局，使公司获得更大收益，这些都是职场利益，当然也是领导喜欢的。

符合这几点的下属，领导又岂有不喜欢之理？

领导眼中的可造之才是什么样子

对于职场员工来说，如何获得领导的关注与认可，是很重要的。一旦获得领导的关注与认可，我们的职场之路将更加顺利，甚至会在短时间内踏入上升快车道，更快地实现理想和抱负。

虽然人人都想，但实际上，获得领导的关注和认可却并非易事。

想想看，公司里的员工那么多，领导凭什么会关注和认可我们呢？我们有什么与众不同的闪光点吗？很显然，如果"平平无奇"，就很难被领导看到。但如果我们有过人之处，从一片绿叶变成"万绿丛中一点红"，那就很容易得到领导关注，甚至是认可了。

小孙大学毕业后，考上公务员，顺利进入当地县政府的某局工作。

按理说，一个新人，在这种人才济济的地方，不应该很快就能得到领导的关注。可不知为什么，郑局长却注意到了小孙，并多次找他谈话，鼓励他好好干。被领导重视，小孙自然是倍受鼓舞，工作劲

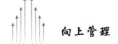

头越来越足。

一年后，小孙被破格提拔为办公室副主任。这种升迁速度，自然引起了旁人的不满。大家私下议论，都觉得办公室里资历老、有能力的人不在少数，为什么局长偏偏提拔了小孙呢？难道小孙和局长有什么亲戚关系吗？

议论归议论，但事已成定局，大家也只能接受。

仕途的平步青云让小孙始料未及，他感激局长的提拔，只能用加倍努力工作来回报。努力地工作换来了更出色的成绩，五年后，局长退居二线，小孙坐上了副局长的位子。局长在退休前说："局长的位子一定是他的了。"

这天是局长生日，小孙应邀前往。在酒桌上，他感谢了局长的提拔："局长，我知道自己能力一般，做人也不够圆滑，是您的一路鼓励和鞭策，促使我一直努力学习，不断锻炼，才有了今天的成就。对此我深表感谢，今后您有用得着我的地方，请尽管说。"

局长笑着喝了一杯。

小孙又说："只是，我有个疑惑，当时办公室里有好几个人能力比我强，背景比我深，您为什么偏偏看重我呢？"

局长笑了笑说："因为我觉得你是个可造之才。"

原来，在小孙还是个新人的时候，局长就发现这个年轻人不一般。他工作认真，领悟能力极强，领导说一，他马上就能知二。最重要的是，他还善于学习，别的同事下班就走，他却经常留下来"恶补"专业知识……这些都让局长觉得他是个可造之才，理应提拔。

　　小孙这才恍然大悟：原来，想获得领导关注与认可，最重要的还是在自己。

　　那么，在职场中，我们应该怎么做，才能让领导觉得我们是可造之才呢？总结起来，有以下三点。

　　一是我们有上升的潜力。在任何公司，领导都喜欢潜力股，因为潜力股的升值空间大。因此，我们必须让自己成为那只潜力股，这样才能得到领导的欣赏和投资。那么，成为领导眼中的潜力股难吗？不难，但必须具备两种能力。

　　第一种是有较强的学习能力。"腹有诗书气自华"，一个人读过多少书、学过多少技能，不仅影响着他的气质，也决定着他的能力。比如，每个月读一本好书的人，与从来不读书的人相比，可能更有积累。因此，在现代的职场中，领导更喜欢学习能力强的人。在他们看来，学习能力强代表这个人有追求、有上进心，而且肯脚踏实地地行动，成功的概率自然比较大。

　　第二种是有较强的领悟能力。每个领导都希望下属能有较强的领悟能力，这样用起来会更得心应手。比如在餐桌上，领导爱吃炒鸡蛋，一盘炒鸡蛋很快见底。领悟能力强的下属，发现领导意犹未尽，会悄悄安排服务员再上一盘，领导自然心中欢喜。

　　在工作中，领悟能力主要是指领会意图、总结经验、探索规律、举一反三的能力。这种能力越强，在工作中越容易做出成绩，而这正是领导需要的。不过，领悟能力和学习能力一样，是需要后天慢慢培养的。

　　二是我们要与领导有统一的思想。俗话说，"物以类聚，人以群分"。领导更喜欢培养什么样的人呢？自然是跟他思想一致的下属。因为思想一致，代表着工作思路一致、处理问题的方法一致，看待问题的理念一致，这样的人，更容易在工作中形成统一战线。

当然，在工作中，很多时候，我们的思想很难和领导统一。但是，这并不是说，我们就无法成为领导眼中的"可造之才"了。在实际的工作中，我们可以多向领导学习，学习他们的工作思路、工作方法，以及为人处世的准则。经过不断的学习，我们就能和他们保持一致了。

三是要有感恩的心。在职场中，我们应该尊重任何人，尤其应该尊重领导，感恩领导。古人说："滴水之恩，涌泉相报。"懂得感恩是一个人最起码的道德品质，而有这种品质的人，无论何时都会顾念情谊。因此，每个领导都会更看重有感恩之心的人。

当然，感恩领导，并不是巴结和阿谀奉承，更不是唯唯诺诺装下人，而是在工作和生活的点滴中，让领导感受到自己的那份情谊。比如，逢年过节，可以去领导家里看看；领导过生日，送上一句情真词切的祝福；领导家里有事，主动帮忙，出人出力；领导遇到难处，倾尽全力用心辅佐……这些事情虽然很小，但却会让领导倍感欣慰，让他们觉得，我们是可造之才，值得提拔。

在职场中，想要做领导眼中的"可造之才"其实并不难，关键要看我们如何打造自己。只要沉得住气、静得下心，努力学习，用心提升，跟着领导走，并时刻怀揣一颗感恩的心，那么，领导就一定看得到。

第四章

怎么表达才是最有效的沟通

你知道上司为什么不重视你、不培养你、不提拔你吗？你以为是公司制度不行，上司眼光太差？事实并非如此。很多时候，原因不在外，而是在内。因为你不懂沟通，不会沟通，结果让上司给你贴上了"不好"的标签。想想看，给上司提意见时，是不是一句话让人下不来台了？遇到敏感话题时，是不是两句话让人心情不爽了？还有被提拔时不会表达感谢，被批评时与人针尖麦芒，评价同事时两头得罪。连最基本的职场沟通都做不好，这样如何奢望得到上司的重视与提拔？

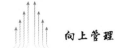

如何不得罪上司给他提意见

在职场上，给上司提意见，绝对是一门技术活儿。为什么这么说呢？

一方面，我们不能完全顺着上司，完全顺着上司，一来有溜须拍马之嫌，二来完全没有自己的想法，难免会显得工作能力欠缺，有可能会被上司嫌弃。另一方面，上司也是人，也会有犯错的时候，也会有想不到的地方。因此，盲目顺着上司也是不好的。

但是，给上司提意见，太考验个人能力了。有人形容，给上司提意见几乎等同于虎口拔牙、摸老虎屁股，危险指数绝对不亚于攀登珠峰。这话说得在理。想想看，提意见时如果话说得不漂亮，难免会得罪上司。因为上司往往都比较有主见，比较坚持自己的意见，也比较自信。

如果话说得太直白、太难听，那就等于不给上司面子。

这就难办了。要给上司提意见，可又不能乱提乱说，万一提不好了怎么办？

小 D 在某公司的市场部工作，平时很会察言观色。

前几天，老板从国外考察回来。刚到公司，他就迫不及待地召集几名骨干开会。在会上，老板先说今年形势不好，然后根据自己在国外看到的，提出来一个全新的战略方向。口沫横飞地讲完，他立即问大家的看法。

同事 H 女士性子很直，率先提意见："我认为这个方向不可行！我们以前也朝这个方向努力过，吃过太多亏了！"

她话刚说完，全场忽然安静下来，大家都有些不可思议地望着她。老板的脸色当场就变了，但碍于 H 女士的面子，没有发火。

小 D 见场面有些尴尬，连忙打圆场说："你那都是多少年前的事了，时过境迁，商场变化瞬息万变，现在是不是可行，咱们得调研一下，然后再讨论。老板，您觉得怎么样？"

老板的脸色这才缓和下来，点了点头："你们商量看看，我只是提出自己的看法。"

后来战略方向调整，老板没让 H 女士参与进来。

这就是"不会提意见"的弊端。案例中的 H 女士，敢提出反对意见，她的本意也是为公司好，可领导为什么会不喜欢呢？因为领导站在高位，即便是错了，也不是我们想批评就能批评的。有不同意见当然可以提，但一定要注重方法和技巧，否则就会让领导下不来台，失了面子，结果影响了我们自己的前途。

另外，大多数领导其实都不喜欢听不同的意见。那些所谓的"有意见尽管提"，往往只是一句台面话。这很容易理解，因为领导做久了，不免会"自视甚高"，听不进去意见，尤其是下属的意见。有些领导甚至会有"你行你咋不做领导"的想法，对下属的不同意见不屑一顾。如果我们强行提议，只会让他们更反感。

这么说来，在职场一定要明哲保身，少提意见了吗？前面也说过，总是缩在后面会惹领导嫌弃。有不同意见一定要提，只要提得巧、提得妙，领导不仅乐于接受，而且还能高看我们一眼呢。

当然，聪明人给领导提意见，往往会注意避开几个很容易陷进去的误区。

首先，不了解情况就直接提意见。这是职场的大忌。这种情况，多见于很多刚进入职场的新人，刚到公司，踌躇满志，准备大展拳脚，一鸣惊人，于是就开始用自己的思维来考虑公司现状，然后提出了自己独树一帜的建议和方案，想得到领导重用。

华为就曾招募到一个这样的人，学历很高，才华出众，可初来乍到就自以为是地"发现"了很多自认为华为存在的问题，于是洋洋洒洒给任正非写了一封长信，以期得到重用。结果，任正非毫不客气地把他给辞退了。为什么会这样呢？因为，他根本就不了解情况，如此提的意见，没有任何意义，领导自然不会采纳。

其次，提意见的时候，不给领导面子。有些职场人认为，意见只要是合理的，那就应该提。于是，他们不分场合、不分时间，直接提出意见。这种行为，勇气可嘉，但方式错误。想想看，当着领导的面直接反驳，尤其是人多的公众场合，领导怎么下得来台？这样的意见，就算是正确的，领导也很难接受。

最后，一次提一堆建议，对以前全盘否定。有的员工提意见，觉得越多越好，提了一个后，觉得不够，于是又一个接一个往下说。说到最后，可能会全盘否定领导的计划。这样领导能高兴吗？显而易见。因此，这种提意见的方法，也是职场大忌。

一般来说，给领导提意见时，只要遵循以下几个原则，就能既不得罪领导，又容易获得领导好感。

第一，选择合适的时间。什么时间合适呢？如果领导正忙得不可开交，那肯定不合适，因为没工夫搭理；如果领导正准备休息，或者正在度假，那肯定也不合适，打扰别人休息最容易引起反感；如果领导心情很糟糕，或者正在发脾气，那肯定更不合适了，弄不好会惹火烧身。所以，最合适的时间就是领导不太忙、没休息、心情好的时候。

第二，选择合适的场合。给领导提意见，一定要看场合。比如，如果在公司内部小组会议上，提一提意见问题不大；但如果在公司大型员工会议上，给领导提意见，那就不合时宜了，领导会下不来台。再比如，可以私下给领导提意见，但不要当着外人的面提，那样同样会让领导难堪。

第三，选择合适的方式。领导毕竟是领导，所以提意见不能太直接。就像案例中的 H 女士，一下就把领导惹生气了，这还怎么继续说明呢？所以，给领导提意见，要尽量委婉一些，还要有理有据、简短干练、一针见血。让领导一下子就能听出重点，他自然就不会责怪了。

第四，看清楚自己的位置。给领导提意见时，一定要看清自己的位置，不要越级，也不要超出自己的能力范围。比如，你是一个小职员，跑去给董事长提意见，肯定不行。再比如，你刚到一个公司，业务还不熟，就向领导提了一堆产品、市场、规划上的意见，肯定也不会受待见。

第五，从领导的角度出发。如果在提意见时，多从领导的角度出发，从他的角度考虑问题，多给领导留有回旋的余地，那么领导一定会乐于接受。

总之，我们要明白，给领导提的是意见，而不是难堪。

一些敏感的问题该如何与上司沟通

在职场中，我们难免会与上司产生接触或者交流。在互动频繁的上下级关系中，交流也许是每日的必修课，有时是主动交流，有时是被动交流。

无论是哪种交流，都有可能会提到一些敏感的问题。有时是无意，有时可能是上司故意为之，用来测试下属，以求更好地"知己知彼"。但对我们来说，不管哪种情况下的敏感问题，都是"带刺的玫瑰"：答得好，领导喜欢；答不好，领导讨厌。

在很多时候，那些敏感问题，可能会影响我们的职场生涯。

小郭大学毕业，一路过五关斩六将，成功进入一家大型企业上班，引来同学们的羡慕。这也难怪，小郭家境好，人也勤快，进入大企业，有了好的平台，事业肯定也会越来越好。

考虑到儿子上下班不方便，小郭的父母一合计，出钱给他买了辆小汽车。从那以后，小郭每天便开车上下班，省了挤公交的麻烦。

有一天，下班时下起了暴雨。小郭把车从地下车库开出来，路过公交站台时，发现上司正在冒雨等车。想着顺便带领导一程，说不定还能加强彼此之间的了解，他便摇下车窗，邀请领导上车。

领导上了车后，便和小郭聊起了家常，气氛还算融洽。聊着聊着，不知怎么的，话题就聊到了车上。领导拍了拍车的座椅，问："小郭啊，你这车挺新的，刚买的吧？多少钱啊？"

小郭没有多想，实话实说："不贵，也就几十万。"

领导听后，"哦"了一声，便不再说话。

小郭以为自己捎了领导一程，拉近了两人的关系，领导日后肯定会对自己更加照顾。可让他百思不得其解的是，在接下来的日子里，领导不仅没有"照顾"自己，反而诸多刁难。一个简单的方案都会让他改了又改。

在这种情形下，小郭自然没有通过实习期。实习期结束的时候，在小郭的考核表上，领导填的是"不达标，未通过实习期"。

看完这个案例，很多人可能要问："小郭到底做错了什么？他一个职场新人也没有机会得罪别人啊？"

他得罪了领导，就是因为那无心的一句话。那句话有些敏感，而且刚刚好戳中了领导心中的敏感点。领导心里可能会这样想："看来家里有钱啊，不缺钱，没有动力，能认真工作吗？"

不管当时领导心里怎么想，有一点错不了，就是那句敏感的话，让领导心里不爽，也间接断送了小郭的职场生涯。职场敏感的话题，真是一句地狱啊。当然，如果懂技巧，说得好，也可以一句天堂。

很多人会认为，职场中与领导只是工作关系，平常交流，往往也都局限在工作之内，"敏感"的地方肯定不会很多。其实不尽然。很多时候，我们与领导聊着聊着，就有可能"跑偏"了，聊到一些很敏感的地方，这个时候，就要注意了。

那么，在职场中，常见的敏感话题有哪些呢？在这里，我们也列举了一些，比如：

工资问题。在任何公司，工资都是相当敏感的问题，所以在私底下与领导交流时，千万不要去牵扯到这方面的话题，不管是说别人工资高也好，说自己工资低也好，都是领导比较忌讳的事。就算领导主动提起，我们也要当成是试探，尽量岔开。

个人隐私问题。职场中与人沟通，要记得闲谈莫论他人是非。每个人都有自己的隐私，有自己除了工作之外的生活圈子，有不愿他人打扰的隐私生活。所以，无论什么时候，我们都不应该过多去探听他人的隐私。即便领导愿意聊，我们也要尽量规避。

关于排挤的问题。在私底下和领导沟通时，这样的话题更敏感，还牵扯到别人的利益，所以尽量少提。如果我们和领导聊排挤别人的话题，这会让领导觉得我们没有肚量，不能容人，不能成事；如果领导找我们聊排挤别人的话题，这也会把自己置于风口浪尖。所以无论怎样做，都是错的，最好就是有事说事，别牵扯别人。

　　晋升问题。在职场上，与领导聊关于晋升的话题，有时候也会很敏感。公司里该谁晋升，该谁靠边站，这些都是领导说了算。哪怕有人什么本事也没有，领导想让其晋升，会很容易；哪怕有人能力很强，领导不想让其晋升，也是一句话的事。总而言之，这是一个复杂的话题，与领导沟通的时候，我们可能一不小心就说错话，陷到旋涡里去了。所以，也是避开为妙。

　　除此之外，在职场中，还有很多敏感的话题。这些敏感的话题，就像埋在土中的地雷，一不小心就会爆炸，炸得我们浑身是伤。因此，我们要学会判断，哪些是敏感话题，哪些话不能乱说，哪些话要小心说。

　　一般来说，遇到领导说起敏感的话题，我们可以遵循以下这几个原则。

　　一是有依据。如果领导提到的话题非常敏感，我们必须坚持这样一项原则：要么不发言，一旦发言必定言之有据，不能信口开河。如果无凭无据，为了应对领导，假大空的胡唱赞歌，弄不好更会让领导多想。

　　二是有余地。所谓的有余地，是在坚持自身原则底线的前提下，适度地灵活变通，让领导有进退的空间。这样就可以既不落领导面子，又能说出自己的观点。领导不失面子，自然也就不容易过度敏感了。

三是有作用。与领导交流时，遇到敏感的话题，要么不说，说就要有一定的作用。因为"有作用"，能让领导把关注点放在作用上，而减少敏感点带来的影响。

四是会拒绝。如果有些敏感话题本身就不合理，或者很唐突，且与工作本身无关，就可以拒绝交流。比如，领导问你公司里传播的一些小道消息，让你帮着处理自己私生活的事情等。这些敏感的话题就可以拒绝告知，及时止损，否则容易陷入其中。

五是学会谨慎。要知道，领导和下属之间，本就是一种很微妙的关系，其中夹杂着某种利益，而且关系不算深。在这种关系中，交流时要多留个心眼儿，多想一想什么该说，什么不该说，应该怎样说，说些什么。等这些都想好了，再做进一步的交流。

在职场中，想要学会生存，做好向上管理，我们就必须考虑领导的心态，管好自己的嘴。记住，遇到敏感话题，不该说的不说，不该问的不问，就算要说要问，也要多留个心眼儿，以免给自己制造不必要的麻烦。

敏感话题就这样与领导沟通，你学会了吗?

被提拔该如何向上司表达感谢

古人说："滴水之恩，涌泉相报。"在职场中，懂得知遇之恩，学会表达自己的感谢，非常重要。在某种程度上，这决定着我们的事业和前途。

你也许会想：没这么严重吧？领导提拔我，是因为我工作能力突出，为什么一定要感谢领导呢？这么想就大错特错了。

也许你的能力很突出，在工作中勤勤恳恳、任劳任怨，把全部精力都放在了工作上，这才取得了不错的成绩。但你要明白一点，你能被提拔，离不开领导的知人善任。千里马遇不到伯乐，始终只是一匹凡马。

因此，当我们被提拔时，我们最应感谢的是领导。但可惜的是，许多职场人因为不懂正确表达感谢的方式，而是使用了一些不恰当的做法，惹得领导不快，这就有些得不偿失了。

前段时间，公司的主管离职了，因为小刘一直表现不错，因此领导趁着这个机会，提拔了他。

对于领导的提拔，小刘打心里感激。在部门会议上，他激动地对领导说："这次能被提拔，我很开心，也感到很意外。论资历排不到我，论能力我并不出众，所以真的特别感谢领导的提拔。以后无论领导说什么，我都坚决服从，绝对说一不二。"

这段感谢的话说完，全场都安静下来。领导的脸都黑了，匆匆结束了会议。

小刘还沉浸在被提拔的兴奋中，完全没有留意到这些。会后，他寻思着嘴上感谢不如实际行动，于是鼓起勇气，在公司的微信群里，发了个大红包，想以此感谢领导的提拔。可这一发，却又闯祸了。

领导严厉指责了小刘的行为。这下，把小刘给整蒙了。这还不算，在以后的工作中，领导再也没给过小刘好脸色，跟他越来越疏远。

这是怎么回事？为什么会这样？

这就叫作"好心办坏事"。小刘想感谢领导的提拔，却不小心犯了职场大忌。

首先，领导提拔他，无论是出于自己的考量还是公司层面的考虑，肯定是觉得很合适。可小刘却说自己的资历不行、能力一般，虽然本意是自谦，可把领导置于何地？

其次，他错把表忠心当成表感谢了。领导提拔了自己，表示感谢是应该的，可这么表忠心，却让领导有了"拉帮结派"的嫌疑。别人会想，领导真的是有什么心思才提拔了他，这会让其他领导非常忌惮。

最后，他在群里发红包，就更让领导下不来台了。领导严厉指责他，其实也是为了撇清关系的无奈之举。经过这件事，领导看清了他这个人，有能力但无情商，疏远他也就在情理之中了。

看来，向领导表示感谢，也要谨慎行事，以免好事办成了坏事。那么，我们应该如何正确地向领导表示感谢呢？

第一，口头表示感谢。被领导提拔，可以通过语言当面向领导表示感谢。虽然这样的感谢微不足道，但当着领导的面说声"谢谢"，也足见真诚。可以这样说："领导，感谢您对我的提携与帮助。我知道，如果没有您的支持与栽培，我这次不可能被提拔……今后工作中，无论您有什么要求，我都将一如既往地支持您的工作。"不卑不亢，情真意切。

这种感谢，私下找领导就可以了，千万别拿到会议上说，以免适得其反。需要注意的是，不要通过微信、短信等方式发些感谢的话，那会让领导感到你没有诚意。

第二，说出工作计划。说完感谢的话，还要有明确的工作计划，要告诉领导以后准备怎么做好工作，这也是领导所关心的。当你主动拿着工作计划向领导请教时，就已经表明态度了："领导提拔了我，我必将不负厚望。"领导看到你的工作计划，明晰了你的工作思路，心里会一阵轻松：我果然没看错人。自然，他也会对你更满意。

第三，学会表达忠诚。领导提拔你，是认可你的能力，对你寄予厚望。所以，感谢领导的时候，也要适当表达自己的忠诚。你要

"告诉"领导，在他遇到问题的时候，你都愿意勇往直前，为他排忧解难。你可以说："今后，无论是在工作上还是在生活中，我都会时时牢记您的教诲，认真完成您安排的各项工作，继续脚踏实地、勤勉努力，跟随您打拼。"不过也要记住，那些"今后我就是你的人了""愿效犬马之劳"这类人身依附的话就不要说了，会让人以为是在搞"小圈子"，这是职场大忌。

第四，适当送点儿礼物。在职场中，一定是"礼多人不怪"。被提拔后，找个合适的时间，给领导送点儿礼物表示谢意，也是可以的。但要谨记，给领导送礼物，不见得要多名贵，而是要讲究恰当、合适，要能够投其所好，比如领导爱烟，那就送两条好烟；领导喜茶，那就送几盒好茶叶。礼轻情意重，送到领导心坎里，他就能明白你是在感谢。

第五，请客吃饭不能少。被领导提拔后，在征得领导同意后，要找个合适的时间请领导吃饭，以表达谢意。要注意，如果也想请同事吃饭以增加感情，最好不要和领导一起。为什么呢？因为单独请领导，表示的是感谢是尊重。所以，先请领导，再说其他。

说再多感谢的话，也不如实际行动更能表达谢意。被提拔后，我们要积极配合领导，主动行动起来，让领导的工作开展得更加有条不紊，更加高效。我们要明白，对领导的积极配合，是对领导感谢的最重要的表现，这会让领导更加有面子。

这样表达感谢，领导会更喜欢。

领导批评你的工作，你该如何沟通

在工作中，我们可能会遇到这种情况：领导布置的工作，明明很认真地做了，却被要求返工；加班加点赶出来的方案，领导根本不认可，还要求重做；累死累活完成一项任务，领导却挑出来一大堆毛病……这些还不是最糟糕的，最糟糕的是，领导不仅不认可，还劈头盖脸一顿批评。

遇到这种情况，我们不仅满腹委屈，也许还会怀疑领导是故意为之。挨骂一次两次没关系，心里有委屈、不满，忍忍也就过去了，但如果长此下去，不仅领导失望，恐怕自己对工作也会失去信心。

小李大学毕业不久，凭着较好的学历，成功应聘进入一家知名企业。他本以为能在公司里大展拳脚，却没想到挫折很快就来了。

因为工作经验不足，他在工作中频繁出错。后来领导不再包容，狠狠地批评了他，有几次还说得很凶。小李初出茅庐，心高气傲，哪里受过这种气。他虽然嘴上没有说，心里却很抵触。

同事看出了他的状态，对他说："如果你受到批评，第一反应

向上管理

是找借口，或者消极应对，那就说明你在拒绝改变和成长。这样下去，领导也会对你失望的。"

小李是个聪明人，一点就透。于是，他积极转变思维，在每次面对领导的批评时，都正确应对，还能在适当的时候表达自己的想法。慢慢地，领导对他的批评少了，他的项目也越做越好。

我们都是普通人，在工作中都有可能会犯错。能力不行、经验不足、理解能力差、细心程度不够等，都有可能导致我们在工作中出现问题。而工作中的每一次错误，都有可能会对领导和公司造成不良影响。领导作为团队的管理者，自然要为团队负责，因此批评、呵斥是很正常的事。

道理虽然如此，但当领导批评的时候，我们每个人的心里或多或少都会不舒服。领导的批评是什么？是对能力的否定，是对工作的不认可，是言辞犀利的斥责，是职场交流中的负面东西，没有人会喜欢。下属也是普通人，会有自尊心，会觉得委屈。如果是被冤枉而遭到批评，还会心生愤怒。

那么，当领导批评我们时，我们应该如何去沟通呢？聪明的员工，往往会从以下几个方面"武装"自己。

一是让领导尽情发火。领导批评我们是因为我们的工作出现了问题，可能已经造成了损失或影响。在这种情形下，领导能不带着火气吗？所以很多领导在批评下属时，往往都会"戾气"很重，有些甚至会愤怒地责骂。这时最好的疏导方法是让领导把火发出去，等发完了再好好沟通。

二是别把领导的批评看得太重。很多人，尤其是职场新人，都把领导的批评看得很重，领导批评一两次，就认为领导不重视自己，从此一蹶不振。其实大可不必，领导批评，那是因为我们工作没做好，如果因为情绪影响工作只会招来更多的批评。我们要做的是保持平常心，就事论事，有错就改。

三是把情绪压下去。很多人受到领导批评时会满腹委屈、激动，或者愤怒。带着情绪看问题只会把问题放大，却无法解决问题。当领导批评时，我们要做的是平复自己的情绪，不委屈不愤怒，认真反思，找出自己在哪个环节做错了。

四是主动承认错误。错了就要承认，这是态度问题。当工作出现问题，被领导批评时，我们应该主动承认错误，这会让领导看到我们愿意改正的决心。当然，只承认自己的那部分错误，客观描述自己错在哪里就好，没有必要大包大揽。就算我们的工作没有出错，而是领导误会了，我们也要反思，领导为什么会误会。

五是不要当面、当众顶撞。如果领导当众批评我们的工作，不管我们有没有做错，一定要先接受领导的批评，而不能当面、当众顶撞。就算我们是冤枉的，也不能当面、当众顶撞，否则领导丢了面子，下不来台，火气只会更大。到那个时候，我们就算是冤枉的，也没有解释的机会了。

六是不要做过多的解释。很多人受到领导批评后，心里不服气，反复争辩，非要辩个一清二楚。领导为什么批评我？我的工作做得很好呀，你是不是误解了？争来争去，最后也争不明白。反倒是自己越想越生气，而领导也被折腾得够呛。如果一定要解释，简单说清楚事情原委就行了，不必解释太多，让领导认错低头本就犯了职场大忌。

七是向领导表明自己的态度。领导批评完，发过火，气也消得差不多了。这时我们要主动与领导沟通，承认错误，了解领导心里的想法。在这个过程中，最重要的是，要向领导表露出自己想要改正错误的态度。最好是告诉领导自己打算怎样改正，让领导帮忙指出自己改正措施中的不足之处。

最后，要把委屈、不甘、愤怒等情绪，转化为努力工作的动力。既然工作没有做好，领导批评了我们，那从什么地方跌倒就要从什么地方爬起来。要勇敢地面对，深刻地反省，重新振作起来，在强劲动力的加持下，做出好成绩给领导看。

这样才能赢得领导的青睐与信任。

上司让你评价同事工作能力，要怎么回答

在职场中，你是否遇到过这种情况：领导找到你，让你评价某位同事的工作能力？

比如，领导问你："小赵啊，别紧张，我只是想了解一下实际

情况。你认为小孙这个人怎么样，工作能力强吗？"

这个时候，你会怎么回答？

当领导这样问的时候，一般人的脑海中，会很快闪现出这样一些念头：一是领导为什么这样问我？有什么目的？二是小孙和我的关系很好，我该如何回答才能帮到他？或者小孙和我的关系不太好，我该不该说坏话呢？三是我如果在背后说小孙的不好，他以后知道了怎么办？四是我是实话实说，还是在领导面前表现得圆滑一些，以免引起反感？

各种念头，纷至沓来。要不要回答？如果回答要怎么说才能既表明观点，又能让领导满意，还不得罪人。

这其实是个很危险的"职场游戏"，因为变数太多。如果不回答，马上得罪领导，被认为不忠诚，不敢说实话，以后可能就不被重用了。可直接回答，如果说别人不好，必然有害人的嫌疑；如果说别人好，领导会认为太圆滑，不愿意得罪人。似乎怎么做，都会进入死胡同。

那该怎样做呢？这时候要注意了，因为很有可能，我们会掉进"坑"里。我们来看下面这个案例：

小何在某公司工作三年了，时间说长不算太长，说短也不算太短，算得上是公司的老员工了。因此，他对每一位同事都有比较深刻的了解，也和他们相处得很愉快。

前段时间，因为业务需要，部门经理调到分公司任职，总部又空降过来一位新领导。新官上任三把火，新领导一上任，就开始约谈部门的员工。大家都明白新领导的意思，无非是拉拉关系，了解一下部门的实际情况。因此，谁也没有放在心上。

第三天，新领导约谈了小何。小何原以为，新领导会问他业务情况，哪里知道对方谈论的话题却是其他同事。新领导态度很诚恳，直言希望小何评价一下同事小杜，不管是其为人处事还是工作方面，都要说一下。他告诉小何，自己没有别的意思，只是想更深入地了解部门同事，这样可以有针对性地安排工作，推动部门取得更好业绩。

见新领导都开诚布公了，直性子的小何也不再藏着，一五一十同对方说了大实话。他不仅把小杜的优点缺点说得清清楚楚，还把自己对小杜的观感也都告诉了新领导。小何想得很简单——"只是说实话而已，怕什么！"

但很快，他就发现不对了。领导约谈后不久他就发现，同事之间那种相处愉快的氛围不见了，尤其是小杜，更是对他爱答不理。这是怎么回事？

在一次与同事的聊天中，小何终于知道了真相。原来，新领导把他给"卖"了。新领导约谈完小何后，又约谈了小杜，并借着小何的名义，挑出了小杜的问题。领导是这么说的："小杜，小何说你能力很强，就是工作不认真，这个坏习惯得改。""小杜，小何说你不爱跟同事交流，这可不好……"

这些话听在小杜耳朵里，全都成了"小报告"，自然对他极不满意了。

其实，跟新领导说这些话的时候，小何未必是在打小杜的"小报告"。也许就像他认为的那样，自己是实事求是地去评价，但是，这些评价通过他人之口，传到小杜耳朵里，味道自然就会变了。小杜对小何态度转变，自然也在情理之中。

在今天的职场中，我们每个人，都有可能会遇到类似的"陷阱"。那么，当领导抛出"评价同事工作能力"的问题时，我们应该怎样做，才能让领导满意，同事满意，自己又不被领导看低，三方皆大欢喜呢？其实，这也有一些原则可以遵循。

第一个是客观原则。说到同事的工作能力时，不管是好听的还是不好听的，只要不属实的都不要乱说。因为乱说会传递错误的信息，会给领导带来错误的决策，会冤枉一个好人，或者帮助一个坏人。

第二个是正面回答原则。如果一定要评价，也应该在合理情况下多说正面的。金无足赤，人无完人，每个人都有自己的长处和不足。要看得见同事的长处，积极传递正能量。

第三个是不诋毁原则。评价见格局，切记不要恶意诋毁同事。当领导让你评价同事时，不管你和这个同事有没有隔阂，一定要记得客观评价，陈述事实。能力强的就推荐，能力不强的，可以委婉地说实话，避免领导用人不当。

第四个是对人尊重原则。无论领导让你评价哪位同事，也不管对方和你的关系如何，都切记要尊重别人，就事论事。你认为是对的，未必真的是对的；你认为同事能力不行，也未必真的不行。你说同事人品不行，不靠谱，领导会怎么想呢？

第五个是大局原则。领导问你这个问题，不论是否怀有私心，你都要坚定不移地相信这是公事公办，是为了公司和团队的利益。只要站在"公司大局"的标准上，你的回答就不容易让领导心生反感。

第六个是谨慎原则。无论对同事做了怎样的评价，话说过之后，我们一定要向领导说明，这仅是自己的个人观点，也许存在偏颇之处，因此仅供参考。很多时候，谨慎一些，能帮我们挽回许多潜在损失。

最后，面对领导的问题，我们无论说什么话，都要权衡利弊，三思而后行，不要给自己惹来麻烦。当然了，现实中情境可能会很复杂，这需要我们有足够的智慧和过人的头脑才能应对。但无论怎样，害人之心不可有，恰如其分最重要。

守得住本心，我们才不会在这个"职场游戏"中栽跟头。

第五章

向上管理的基本原则

管理大师德鲁克曾经说："任何能影响自己绩效表现的人，都值得被管理。"这些人可能来自外部，也可能来自内部，他们当中，最难管理的当属你的上司。但是，也因为最难管理，所以你必须好好向上管理你的上司。你要想办法，获取他们的信任；你要像"刺猬"一样，与他们保持适当的距离；你要穿上"塑料外衣"，在他们面前保持透明状态；你还要会倾听和提问，辨别正话反说与反话正说。

获得领导信任的十种方法

职场中的升迁，有时候很奇怪：有些人明明进入职场的时间很短，领导却委以重任；还有些人，兢兢业业工作了很久，领导却从来不高看一眼，只是分派些常规的工作，不安排重要工作。

于是，分水岭就出现了。那些被领导安排做重要工作的人，越锻炼越出色，职位上升工资上涨；而那些总做些零碎工作的人，很难做出业绩，在职场中也一直原地踏步。

为什么会这样呢？

仔细一想，不难发现，那些被领导委以重任的人，都是能得到领导信任的人。反之，那些被边缘化的人，所缺少的也正是领导的信任。可以这么说，领导的信任与否，决定了你的职场发展。

小何在某大型企业工作了五年，算得上是老资历员工。最近，他听到小道消息，上级领导要从部门内部提拔一个主管，他对此很是心动。

他认为自己有资历，也有能力，领导肯定会提拔自己。为了探探口风，他给领导发过几次信息，但都没有得到回应。这下他心里没底了，不知道领导的想法。

他像热锅上的蚂蚁，等了几天后，终于决定主动出击。找了个机会，他直接来到领导的办公室，委婉地表达了自己的想法。可领导的回答却让他很尴尬。

领导表达了三层意思：

"第一，你的消息很灵通，公司确实要提拔一个主管，而且就从内部选拔。你的文字功底不错、资格老、能力强，综合素质足以胜任。我个人认为，你也许能胜任这个岗位。"

小何眉开眼笑。

"第二，我的意见的确能决定最终人选。总经理说了，这个部门的人事任免全归我管，他不插手。"

小何紧张地望着领导，满脸的期待。

"第三，很遗憾，我不能选你。"

领导说完这句话，小何的脸色变得很难看。

小何大声问："为什么？您不是说我能胜任吗？"

领导摇了摇头说："你的条件确实不错，可是你没有担当。你还记得吗？有一次，我安排你和小宋共同处理一项重要的工作，中间出了差错，你把责任全都推到小宋身上。你以为我不了解，实际上你们各自负责哪一块，我一清二楚。我怎么能信任一个没有责任担当的

员工呢？"

小何听后，羞愧得满脸通红，再也说不出一个字来。

信任是一切行动的基础，是建立双方之间良好沟通、相互帮助、共同进步的桥梁。在职场中，获得领导的信任更加重要。因为领导是站在团队资源和人脉顶峰的人，他们的信任，能让我们得到重用和提拔，能让我们的职业前途更加光明。

那么，该如何获得领导的信任呢？在这里，我们总结出了十种方法。

第一，要展现自己的实力和专业能力。在职场中，要想获得领导信任，让其看到我们具有过人的实力和过硬的专业能力，是很重要的一项因素。因为这些能力对工作成效起决定性作用，直接与他的工作业绩相关联。

第二，要让领导看到自己的忠诚。美国名将麦克阿瑟说过："士兵必须忠诚于统帅，这是义务。"在职场中，我们也可以说："下属必须忠诚于上司，这是义务。"下属如果不忠诚，那领导敢放心把重要任务交给下属吗？工作还能顺利开展吗？无论是谁，身边跟着一个随时可能离开自己，或颠覆自己的人，一定很难安心吧？忠诚是得到领导信任的基础。

第三，要眼里有活儿。在职场中打拼，如果只懂得按照岗位说明和领导的安排来做事，时间一久，很难让领导感觉满意。为什么？因为一味机械化地按照指令工作，不知变通，领导会觉得太死板，

"眼里没活儿，不会做事"。正式一点儿的说法就是："该员工缺乏主动性"。因此眼里有活儿，才能赢得领导的信任。怎么做呢？要有瞻前意识，眼里盯着活儿、心中想着活儿、手上多干活儿。别怕吃亏，工作上多干点儿没坏处。

第四，要主动汇报工作。及时、主动向领导汇报工作，是赢得领导信任的主要途径。这个很容易理解，通过主动汇报工作，领导能够知道工作进度，一方面他们心里会很踏实，另一方面，他们也可以更加高效地安排下一步的工作。让领导觉得放心、安心、踏实，他们就会认为你是一个靠谱的、可信任的人。

第五，工作态度要真诚。在职场中，任何一位领导，都不会喜欢投机取巧的下属，而是喜欢态度端正，踏踏实实工作的下属。如果心眼儿太多，凡事斤斤计较，总想着去算计别人，领导会觉得无法信任。"诚能动人，至诚可以胜天"，在职场，做一个真诚的人，领导看得见。

第六，能主动承担责任。一个能主动承担责任的人，必定格局开阔，人品优良。而那些没有担当，遇事只会推卸责任的人，只会成为团队前进的阻碍。毫无疑问，领导肯定更愿意信任那些能主动承担责任的下属，因为他们关键时刻有担当，领导可以放心地把更重要的工作交给他们。

第七，要能关心和体贴领导。在职场中，我们也要学会关心和体贴领导。很多时候，一句关心的话，一个暖心的举动，都会让领导心生好感。所以，适当的关心和体贴领导，更容易获得信任。

第八，要能高效地与领导沟通。在与领导沟通时，要能清晰地表达自己的想法和意图，倾听领导的想法，这样就能更好地理解和执行领导的指令。通过沟通，漂漂亮亮地完成领导安排的工作，自然会取得更多信任。

第九，要能持续地学习。在职场中，我们需要持续地、不断地学习。学习特定技能，学习工作方式方法，学习待人处世，提升思维能力等。要坚持学习，让自己增值。当我们的价值越来越高，甚至不可替代时，领导自然会对我们更加信任。

第十，私下要与领导保持良好的关系。除了工作上要积极努力外，私下里也要与领导保持良好的关系，领导才会信任我们，这种信任是发自内心的，没有任何防备的。

这样的信任，才是最大的信任吧！

职场中最恰当的距离

生物学家曾经做过这样一个实验：在寒冷的冬日里，把十几只刺猬放到户外的空地上，让它们暴露在冷风中。那些刺猬冻得瑟瑟发抖，为了取暖，它们只好拼命地挤，紧紧地依偎在一起。但是，因为身上有刺，靠得太近又会相互刺伤，所以彼此间只能离远一些。可天气实在太冷了，不一会儿，寒冷驱使着它们又忘记疼痛，重新靠在一起。可想而知，因为疼痛，它们又不得不分开。

就这样，它们反反复复地聚了分，分了又聚，聚了再分，试了很多次。最后，经过多次尝试，它们终于找到一个适中的位置，既可以相互温暖，又不会被同伴刺伤。

"既可以相互温暖，又不会被同伴刺伤"，这是刺猬经过反复尝试，找到的彼此间的合适距离。那么在职场中，人与人之间的相处，尤其是下属与领导之间的相处，需不需要也找到一个合适的距离，让彼此既不会感到疏离，也不会感到交往过密呢？

当然需要。职场社交是需要保持"距离"的，保持适当的距离，既是对自己的保护，也是对别人的尊重。尤其在与领导相处时，保持适当的距离，既能让领导保持自身威信，也可以避免因交往过密而引起诸多麻烦。

小张在某公司工作了三年。他工作勤奋踏实，业务能力强，头脑灵活，与同事相处融洽，深得领导器重。

半个月前，因公司业务往来需要，领导点名让各方面能力都比较突出的小张跟着自己，一同到外地开发新客户，对接老客户。领导的看重，让小张心里很是兴奋。

公司同事也都在私底下议论，认为领导看重小张，刚好业务主管离职，小张升职加薪指日可待。小张自己也觉得业务主管这个职位非自己莫属。

然而，让人意想不到的事情发生了。两个人出差回来后，没过多久，一直默默无闻的小孙成功升职，小张却依然原地踏步。同事们莫名其妙，小张也一头雾水。

事后，在一次公司聚餐上，领导多喝了几杯，这才道出"内幕"。原来，小张提职被"出局"，竟缘于出差期间的一次饭局。那一次，小张与领导一同陪一位新客户吃饭。小张被安排点菜时犹犹豫豫，后来又因为服务员上菜不及时，一个劲地抱怨。而且在饭局上，他仗着和领导"亲近"，说了很多不该说的话。而这些，全都被领导记在心里。

一次原本应该顺顺利利、增进和领导关系的出差，却变成了一次漏洞百出、职场折戟的"出局"，这该怪谁呢？

当然怪他自己，怪他没有摆正自己的位置，没有和领导保持合适的距离。

在职场中，我们不能与领导走得太远。领导是团队的核心，走得太远，得不到重用不说，还一不小心容易变成"局外人"，于职业发展不利。同时，我们也不能与领导走得太近。走得太近容易暴露个人问题。另外在同事眼里，也会变成"溜须拍马"，容易遭受排挤。

既不能太远，也不能太近，因此职场中与领导相处，我们要效仿"刺猬"，找出最恰当的距离。那么，这个"恰当"要如何衡量？我们应该如何把握呢？

表现能力，不过分。我们一直强调，职场中要表现出能力，让领导看到。只有领导看到并认可我们的能力，我们才能得到领导重视，赢得领导信任。虽然能力是获得领导关注与重用的主要因素，但凡事都要掌握一个"度"，如果"过度"，很可能适得其反。我们要想想，"用力过猛"会不会招致领导反感？能力太强，锋芒太露，会不会让领导心生忌惮？一定会的。所以表现出能力，让领导看到我们可堪重用就可以了，千万不要比领导强，让领导觉得"不可控"，这是能力上最恰当的距离。

认清自己，不越位。在与领导相处的过程中，我们要认清自己的位置，不做越位的事。要对领导充满敬意，保持严肃的距离；不跟领导争功利，不掺和利益纷争，保持利益的距离；对领导的能力认可，相信领导肯定比我们强，保持能力的距离。保持清醒的头脑，心存敬畏，对领导保持基本的尊重，这是位置上最恰当的距离。

尊重领导，不讨好。在职场中，很多下属与领导相处时，奉行的是"讨好"文化。也就是说，他们把对领导的"讨好""溜须拍马"，当成了与领导相处的正常方式。虽然很多领导都喜欢听到下属的"恭维"之辞，但在他们的心中，这种刻意地"拉拢"关系，只是基于个人的权力与位置，并不能太当真。因此，我们要从心里尊重领导，但不能过分地讨好和顺从，这是关系上的恰当距离。

保持自主，不招嫌。作为下属，也是公司一员，如果我们是正常的、为提供职业价值而存在，那会被看作理所当然，也会因此而得到尊重。可是，如果我们是因为依附领导而存在，职业价值很低或接近于无，那会不会被人嫌弃，甚至是看不起？一定会的。所以，我们千万不能为了讨领导欢心而放弃自主，成为领导的附庸。做好我们自己，发挥我们的价值，不依附于领导，这是价值上的恰当距离。

界限清楚，不混淆。在职场中，每个人都有各自的"私人"生活领域。对于个人来说，这个领域是属于自己的，除非是关系特别亲近的人，否则谁都不愿意被人"侵犯"。领导也是如此，也有自己的"私人"生活领域。有些人会认为，介入领导的"私人领域"，是与领导关系升温的标志。其实刚好相反，走得越近，关系降至"冰点"的可能性越大，因为"私人"生活领域往往藏着很多的秘密，这往往会成为关系"破裂"的关键。因此，不管我们感觉领导如何重视自己，关系密切到什么样的程度，这个雷池不要越，这是生活关系上的恰当距离。

在职场中，与领导交往，一定要讲究分寸。离得太远，领导看不见，升职加薪无望；走得太近，"伴君如伴虎"，搞不好会出现问题，引火烧身。因此，我们要努力找出一个不远不近、恰到好处的距离。

找好了，职场之路自然越走越顺。

保持工作状态的透明

在职场中奋战，所有人都梦想着有朝一日能够升职加薪。可现实中，绝大多数人都不能如愿以偿。其中，很大一部分职场人会陷入这样一个怪圈：我一直在兢兢业业，努力工作，可领导就是看不见。领导看不见，自然就不会提拔，不会委以重任，就没有更好的锻炼机会。而没有锻炼机会，能力得不到进一步提升，我就只能继续待在原地。

很多职场人，就这样成为职场路上的失败者。

那么如果能力足够，我们该如何解决"领导看不见"的问题，让领导看到我们的努力，进而重用我们、提拔我们呢？方法很简单——保持工作状态的透明。

在职场中，要想得到领导重用，那么在领导面前，就要做到"没有最透明只有更透明"。只有保持自己的透明状态，让领导掌握我们的信息、看透我们的为人，我们才能得到被重用的机会。

小 C 和小 D 同时进入一家公司，成了 H 的手下，H 是部门的

主管。

两个新员工的工作都是跟单，负责跟进不同的客户。

这是小 C 的第一份工作，所以他格外珍惜，兢兢业业、全力以赴。刚开始的时候，因为没有经验，他手忙脚乱，经常出错。一个月后，他慢慢掌握了工作技巧，8 个小时的工作，五六个小时就能做完了。越往后他越顺手，往往半天就能做完一天的工作。

事情做完还不到下班时间，无聊了怎么办呢？他有时就通过刷手机打发时间，有时跑到别的办公室找同事聊聊天。

小 D 的情况跟他差不多。不过，小 D 从来不乱跑，如果工作做完了，他就会在线上看看小说，或者跟朋友聊聊天，安安静静地打发时间。

这种情况持续了一段时间后，忽然有一天，主管 H 找到小 C："小 C，你帮一下小 D，他手上有一个单子，非常重要。工作不忙的话，你帮他整理一下客户资料。"

小 C 答应了，爽快地帮了小 D 的忙。可不知道为什么，从那次之后，主管总会让小 C 去帮小 D 的忙。虽然帮忙不是什么大事，可小 C 心里还是有些不舒服。他觉得，主管偏向小 D，两个人的工作量明明差不多，为什么要自己去帮小 D 的忙呢？

他向办公室的另一位同事吐槽，那位同事为他解开了迷惑。

同事说："你知道主管为什么让你去帮小 D 的忙吗？因为小 D 每天都会向主管汇报自己的工作情况。对于主管来说，他的工作状态就是透明的。你有吗？主管甚至不知道你每天在做什么，见你那么有空，自然要安排你多做些工作了。"

原来如此！小 C 这才明白自己错在什么地方。

在职场中，很多职场人会在有意无意中掉进两个"大坑"里。这两个"大坑"，杂草丛生，迷雾重重，会在不知不觉中遮挡住领导的视线，让他们看不清楚我们的工作状态。小 C 就是掉进这两个"大坑"而不自知，所以才会让领导误以为他很"闲"。

第一个"大坑"，无意识地隐藏自己的工作状态，怕领导会不同意。很多职场人都会有这样一种心理：不想领导知道自己的工作状态，怕领导知道后会不同意。比如，你在做一个工作方案，做的过程不想领导知道，怕领导不同意。

再比如，你在和客户谈判，谈判过程很不顺利。你会想：要不要和领导汇报这件事呢？我把事情办成这样，还是先不说了吧，等有了转机再说也不迟。

于是在领导面前，你一直隐藏自己的工作状态。反过来，领导也一直不知道你在做什么，工作进行到什么程度了。

第二个"大坑"，有意隐藏自己的工作状态，不想让领导为自己的情绪负责。什么意思呢？简单来说，就是有些职场人向领导汇报工作时，容易带着情绪。为了不把诸如抱怨、气愤、愤怒等情绪带到领导那里，所以选择隐藏自己的工作状态。比如，进行某项工作时，极为不顺利，情绪很不好，这个时候就不愿向领导汇报自己的工作状态。

这两个"大坑"，无论踏进哪个，都会使领导看不清楚我们的工作状态。领导才不会管我们心里是怎么想的，他们只在意自己看到的。看不清我们的工作状态，不知道我们在做什么，会让他们心里没底，甚至会以为我们什么也没有干。

在职场中，领导以为"我们什么也没有干"，很显然是一种非常糟糕的状态。因此，我们必须在领导面前"透明"起来，让他们知道我们在干什么。那么，我们应该怎样做呢？

首先，要选择合适的方式，告诉领导我们的工作状态。可以采用定期汇报的方式，向领导汇报工作进展，以及所取得的成果；可以主动找领导沟通，分享自己的想法和建议；当完成一个项目或取得重要成果时，也要及时与领导分享胜利果实。总之，要主动告诉领导，我们在做什么，进行到哪一步了。

其次，要让领导知道我们工作图什么。简单来说，这就是要告诉领导，我们的工作动机。比如做这份工作，我们是图能挣钱，还是图事业上的提升。领导知道了我们的工作动机，就会比较容易帮我们梳理和调整工作。

再次，要让领导知道我们的处境。我们现在的状态怎么样？工作进行到哪一步了？其中遇到了什么困难？有哪些难题不容易解决？再远一些，我们生活上的一些问题，也可以让领导知道，比如家庭遇到了什么困难等。只有让领导更全面地了解我们，才能在工作上给我们更多的谅解和帮助。

最后，要让领导看到我们的努力。看到我们为了提升自己，做好工作，做了哪些努力。比如买了很多资料认真学习，参加了技能培训班，认真备课考证书，或者加班加点修改方案等，这些都可以通过沟通让领导知道。不仅要让领导知道，还要听取领导的建议。这样的话，领导就能更清楚我们的工作状态了。

　　总而言之，在职场中，我们要让领导清楚地看到自己的工作状态。我们不需要刻意在领导面前表现自己，更不要玩心机，但也不要总是默默无闻。

　　让领导了解得越多，我们的机会才更大。

学会倾听和提问

　　俗话说："会说的不如会听的。"在与领导交流时，认真倾听领导讲话，可以发现领导的想法、意图甚至是弦外之音，还可以及时了解领导的情绪、意见、建议等，以便做出相应的准备。

　　认真倾听领导讲话，本身也是一种尊重。在聆听领导讲话的过程中，及时肯定地回应会让领导感受到尊重。这有助于加强我们和领

导的关系。

另外，在认真倾听的过程中，我们的大脑会高速运转，及时发现问题。发现问题才会思考，有了思考，才有解决问题的方法。而在与领导交流的过程中，发现问题时可以及时提问。巧妙地提问，不仅可以促进领导进行深入思考，也可以唤醒其内在动力。更重要的是，还可以满足领导自我表达的需要，巩固了和其之间的关系，可谓一举多得。

小刘是公司里年纪最小的员工，大家都很喜欢她，因为她积极上进，什么活儿都抢着干。最难得的是，她很善于倾听和提问，不管谁说话，也不管是关于工作的或是与工作无关的，她都能够做到安静倾听，认真回应，巧妙地找到谈话中问题的关键点。

办公室主任老孙是出了名的"话唠"。他的话多到什么程度呢？经常是逮着机会就要讲一会儿，尤其是对下属，不管是工作上的还是生活中的，只要对方不走，他就能一直讲下去。因为这个原因，下属们都很怕他，往往是看见他来了就赶紧找机会溜走。

可是，小刘却从来不这样。老孙每次找小刘说话，小刘都认真地倾听，听后还能提出一些问题。而她的问题往往能一针见血，解决很多工作上的问题。同事们觉得不可思议，就问她为什么能忍受老孙"话唠"的毛病，还能提出问题。

小刘却说："倾听领导讲话，本身就是对领导的尊重。再说了，领导讲的话里，往往藏着很多信息呢。我们要做的，就是通过倾听找出问题，解决问题。"

同事们对此嗤之以鼻，因为老孙的"废话"实在是太多了，谁也不相信那些"废话"会有用。可没想到，事实很快证明了同事们是错误的。

总公司举办了一个学习班。因为不是工作任务，也没有强制要求，老孙就没有往下传达，只在谈话中提到了。说者无心，听者有意，小刘听后主动找到老孙，打算报名参加学习班。老孙认为学习班作用不大，小刘却通过提问，让老孙明白了学习班和部门业绩的关系。于是，在老孙的支持下，小刘参加了学习，当其他同事知道时，报名已经结束了。

老孙说："小刘真不错啊！每次我讲话，无论时间多长，她从来不会表现出不耐烦。而且从谈话中，她还能有针对性地提出问题，引发我的思考。我觉得，每次和她说话，自己就是在学习。"

半个月后，小刘从学习班回来，老孙直接任命她为小组长。

小刘为什么能得到领导提拔？原因很简单，她会倾听，会提问。当然在职场中，"倾听"和"提问"并不是升职的唯一要素，但一定是搞好工作、增进与领导关系、让工作更加顺畅的重要途径。当然，"倾听"和"提问"也能够使我们得到更多的锻炼和升迁机会。

那么，和领导沟通时，如何做到会"倾听"呢？主要有以下四个要点。

一是要保持良好的精神状态。良好的精神状态是保证倾听质量的重要前提。如果领导感到我们的状态萎靡不振，就会认为我们对他的谈话毫无兴趣，或者认为我们根本不把他放在眼里。同时，精神状态不好时，我们也容易错过重要的信息。这时的"倾听"不仅没有作用，可能还会适得其反。

二是要及时用动作和表情给予回应。领导说话时，我们没有任何回应，那他还有说下去的兴趣吗？当然不会有。因此，领导讲话的时候，我们要善于运用自己的姿态、表情，如微笑、点头等，给予回应，这会让交流更加融洽。

三是不要随便打断领导说话，要有耐心。倾听领导说话时，就算领导说得不好，比如出现逻辑错误、语言散乱等，也不要随意打断领导，要耐心听完。就算领导说的内容是我们不想听的，也要认真听下去。因为随意打断他人说话，是一种极不礼貌的表现。

四是提问要适度。巧妙的提问也是我们与领导沟通的重点。

提问可以让我们的倾听更加丰满。在职场中与领导沟通时，提问能使我们获得有效的信息，学到更多的东西。巧妙的提问能促使领导进行深入思考，从而更加正视我们。

既然提问如此重要，那为什么很多人不敢向领导提问呢？无非有两个方面的原因。

一方面，心态不正害怕挨骂。这是职场上的通病，很多对工作任务不清楚、不能理解领导意图的人都害怕提问，因为"问了会挨骂，还不如不问"。这是典型的鸵鸟心态，用"不去提问"掩盖自己的无知和无能。

另一方面，找不到正确的提问方向。简单来说，就是不会问问题。这就好比明明想写篇文章，可是憋了半天，却不知道要写什么。这种情况下还怎么提问？

无论是"怕挨骂"也好，还是"不会问"也罢，这都会造成"不去问"的结果。在很多时候，缄默带来的后果可能会超出我们的想象。

在与领导交流时，应该如何在倾听的过程中，抓住机会，巧妙提问呢？这里也有四个关键点。

第一个，弄清楚问题的脉络。这一点很重要，关乎我们的提问有没有价值。提问的时候，我们不应该是一张白纸，而是应该已经做了充足的准备。这个准备从何而来？就是倾听领导讲话时的积累。在倾听的过程中，我们通过思考，慢慢发现问题，找出问题。只要弄清楚问题的脉络，就可以有针对性提问了，即便出现理解上的偏差也没有关系，这些都可以在与领导的沟通中得到解决。

第二个，弄清楚问题的本质。在很多时候，问题只是表象，其内里可能有许多含义，所以在向领导提问前，要认真倾听，搞清楚问题的本质。只有弄清楚本质，才能真正地问到关键，问得有意义。相反，如果连问题的本质都没有搞清楚就去提问，只会给领导一种愚钝之感。

第三个，注意自己的表达。向领导提问时，除了问题本身外，也能锻炼职场人的沟通能力，尤其是与上层沟通的能力。因此，在向领导提问时，一定要注意自己的表达。这就要求不要紧张，用词严谨，考虑问题全面。想想看，如果一向领导提问，你就紧张磕巴，那还怎么提问？

最后一个，学着将提问延伸。职场不是学校，领导不是事无巨细的班主任，提问如果永远只局限在基础认知上，那将很难继续下去。试想，如果提问只会问"一加一等于几"这类的问题，领导还有兴趣去想、去答吗？所以，基础认知类的问题，就不要问出口了，要尽可能从领导的话中，结合自己的学习和探究，延伸出更有价值的问题。

总而言之，在职场中，学会倾听和提问是一项重要的技能，是一个人综合能力的体现。别让不会"倾听"和"提问"成为职场路上的绊脚石。

赋予工作特别的意义

亿万富翁洛克菲勒在给儿子的一封信中这样说过："如果你赋予工作意义，不论工作大小，你都会感到快乐，自我设定的成绩不论高低，都会使人对工作产生乐趣。如果你不喜欢做的话，任何简单的事都会变得困难无趣。"

在职场中，有这样一类人——他们总是会抱怨工作枯燥，干起活儿来提不起劲，遇到挫折很容易放弃。结果折腾来折腾去，不仅工作没有做好，还浪费了时间。更糟糕的是，领导看到他们如此，也会认为他们不可造就、不堪重任，自然也就不会给他们机会了。这样向上管理，会变得更加困难。

那么，如何避免这种情况呢？有一个很好的方法就是——赋予工作特别的意义。简单来说，就是要看到而且肯定自己工作的价值。纽约大学斯特恩商学院曾经做过一项调查，如果医院里的清洁工更愿意把自己的工作看成是一种使命，赋予工作特别的意义，那么他们的工作效率会更高，还更容易收获价值感、成就感。

同样的，如果我们也可以赋予工作特别的意义，那我们将不会感到工作枯燥，效率会更高，当然也更容易收获领导的信任。

我们来看下面的案例：

硕士毕业的小赵，一直没能找到合适的工作。因为所学专业比较冷门，大公司进不去，小公司看不上。多次面试碰壁后，他幡然醒悟，决心从最普通的工作做起。很快，他就应聘成功，成了一家公司的仓库保管员。

朋友们都觉得他做仓库保管员是大材小用，而且还很没有前途。可小赵却不这么认为，他跟别人说："虽然这是个普普通通的工作，可我也能从中学到很多技能，比如货物的流程、数据的统计、人事的规划等。每天看着井井有条的货物出入，我都会特别有满足感。"

因为有了这份热情，他从来不觉得工作枯燥，而是一直心甘情愿地付出，做好每一天的工作。

同事小刘是个老员工，做仓库保管员的工作五年了，他对小赵的做法嗤之以鼻："你那是傻！这份工作有什么意义？能学到什么？撑死了，将来能混个主管当当。我呀，就是没有遇到好机会，一有机会就会离开的。"

因为心里一直不喜欢这份工作，小刘上班偷懒，做事马虎，工作上没有半点儿热情。他盼着有个好机会能离开这个岗位，做自己喜欢的事。可是，这个"好机会"却一直没有出现。反倒是小赵的"好机会"来了。

一年之后，小赵被调到办公室，任总经理助理。总经理说："这个年轻人不错。我每次去仓库，都会被他的工作热情感染。一个对工作充满热情的员工，一定是个好员工，这正是我们公司需要的人才。"

而小赵的同事小刘，还一直做着仓库保管员的工作。

世上没有完美的工作，任何一份工作，都会有让我们不满意的地方。它们或者枯燥，或者琐碎，或者劳动强度太大……但是，这些都不是重要的，重要的是我们自己怎么想，会赋予工作什么特别的意义。同样的工作，在小赵眼中，它是有意义的、美好的、可以使人进步的；而在小刘眼中，它却是枯燥的、无聊的、没有前途的。小赵发现了工作美好的一面，带着热情去工作，自然越来越好，而小刘把工作看成负担，自然越来越差。

这就是区别。

因此，在职场中打拼，与其盼着幸运之神降临，遇到一份自己喜欢的工作，不如让自己披上战袍、穿上战靴，赋予工作特别的意义。当自己带着热情投入到工作中时，成绩自然会有，领导也自然看得见。

那么，在职场中，我们应该如何赋予工作特别的意义呢？最根本的，是要学会建设自己。有三个方法，可供参考。

首先，要找到工作的初心。我们要先问问自己，为什么选择这份工作？是为了奉献、吃苦、事业的上升？还是觉得自己找到一份稳定的工作，既可以养家糊口，又可以成为别人羡慕的对象？一定要问问自己，找到初心，弄清楚自己工作到底是为了什么。

如果我们的初心是发展，那么越是艰难，越是磨砺，越是枯燥，越容易脱颖而出，让领导看见。这不就是工作的意义吗？

其次，要有自己出题、自己做题的能力与智慧。很多时候，我们觉得工作枯燥无味，大多源于它的一成不变。既然如此，为什么不尝试给自己出题、做题呢？比如，领导让我们打扫一间屋子，那我们就可以想一想，除了用扫帚，还能用其他什么工具？扫地机器人行不行？如果没有，可不可以发明一个？当我们会自己出题、自己做题的时候，工作的意义也就来了。很时候，这会让工作变得更有趣。

最后，不要纠结于价值何在，要更多地问问自己，自己的志向何在。"我想做更有价值、更有意义的工作，但是找不到出口。"这是卡住很多职场人的问题。不要只是去想，我们要问问自己，主动精神够吗？同样是做一个表格，很多人认为把数据码上去就够了，但有的人，却能从这些数字里看出问题，并提出建议。因为后者更主动，志向也更高远。

在职场中，工作往往就是那些，要想赋予工作特别的意义，就要树立正确的工作价值观。价值观树不起来，那就寻找喜欢，激发热爱。当工作变得有意义时，我们就能越做越好。而我们的工作越做越好时，领导也就越可能看得见。

这时候，向上管理，就会变得容易起来。

第六章
如何拉近与上司的距离

在职场中，很多人会得一种"病"，叫作"害怕靠近上司病"。在他们看来，上司是"老虎"，不仅屁股摸不得，就连靠近也有可能会被咬。这种想法，实在是职场中的一个笑话。害怕与上司走得近，还怎么拼职场？所以，一定要改变观念，以猎人的心态，慢慢向上司靠拢。电梯里偶遇，热情寒暄；当众被表扬，机智应对。平时也不要闲着，与上司聊天，逢年过节发发拜年短信。拉近与上司的距离，其实就这么简单。

害怕与上司走得近，怎么拼职场

在职场中，很多人会得一种"病"，那就是害怕与领导走得近。比如，电梯间遇到领导，畏畏缩缩不敢说话，甚至连招呼也不敢打一个；向领导请示工作，办公室门前徘徊良久，也不敢推门进去；领导过生日，原本想打电话祝福一下，拿起手机却不敢拨通电话……这到底是怎么回事？

其实，害怕与领导走得近，是一种正常的心理。这就好比儿时在学校里，我们可以与同学打闹，在操场上肆意奔跑，但一到老师跟前，就会本能地抗拒、害怕，不想走太近。职场中也是一样，与领导稍微拉近点儿距离，很多人也会本能地抗拒、害怕，害怕领导会问起工作，有些工作自己没有做好，害怕领导会问责。

当然，还会有一些其他原因，比如，领导的身上往往会带着"威严"，让人感觉不自在。就算与领导站在一起，也没有共同话题，不知道聊些什么。还有些人会想得更远：与领导走太近，别人会不会说闲话？所以，还是保持一些距离比较好。

　　但问题是，在职场中，害怕与领导走得近，我们又凭什么得到领导的赏识和提拔呢？如果"千里马"也有这种心理，远远地躲起来，不愿进入伯乐的视野，那么，它还会是被人称道的"千里马"吗？自然不是。

　　老宋最近的心情很奇怪，既兴奋，又不安。晚上，他实在睡不着觉，就约朋友出来喝酒，顺便向朋友诉苦。

　　老宋对朋友说："最近，我升职了，刚被提拔到市场部任渠道主管。这个职位的上升空间很大。"

　　朋友说："这是好事啊，恭喜你啊。"

　　"唉！"老宋叹了口气，对朋友说，"可也是糟心事啊。收到任命书后，好几个同事都告诉我，让我小心一点儿，市场部的经理，也就是我的顶头上司，是个很凶的人。说他对下属非常苛刻，异常看重工作结果，稍有一丝不符合要求就会打回重做。他经常会骂下属，已经骂走好几个渠道主管了。"

　　老宋对他的前途充满了担忧。朋友安慰几句，也不知道说什么好。

　　两个月后，老宋又找朋友喝酒，那时，他已经离职了。

　　朋友问："怎么会离职了呢？那个市场部经理骂你了？"

　　老宋摇头说："那倒没有。我过去之后，一直害怕跟他接触。除了开会、汇报工作，我一般都离他远远的，他想骂也骂不着。我离职，是因为他跟老板打了招呼，说我不适合干渠道主管。"

　　在职场中，有很多人特别害怕与领导相处，害怕与领导走得太近，怕哪里一不注意一不小心，惹领导不高兴，影响自己的前途。所以，他们宁愿选择躲开一点儿，离远一点儿，也不愿意靠近。殊不知，躲避是最大的"坑"。

职场"潜规则"：我们要想获得事业的成功，就必须学会和领导近距离相处。

领导从来都不会主动靠近我们，挖掘我们身上的闪光点。我们要主动和领导拉近距离，建立良好的关系。

那么，如何慢慢靠近领导，走得更近呢？一般来说，我们可以从以下几个方面着手。

一是与领导正常交往，不卑不亢。很多人一靠近领导，就会紧张，怕做错事、说错话，怕领导怪罪，怕缺点被领导看见。其实没有什么好怕的，领导也是人，也是同事。我们要明白这样一个道理，跟领导走得近，完全是因为工作需要，因此内心要坚定，不必担心说错话，说错了可以改正；不必担心暴露缺点，纠正缺点才能变得更好。当然，更不必担心、害怕别人说闲话，做好自己就行了。

二是做好自己的本职工作。领导看中下属的最重要标准，往往就是工作。如果本职工作没有做好，自己肯定心虚，不敢太过接近领导，因为怕被领导问，怕被领导批评。那么反过来，当我们把本职工作完成得漂漂亮亮，还会害怕领导问吗？自然不会了。因此，走近领导的一个重要前提就是，我们必须高标准地做好自己的本职工作。

三是要突破自己的"敏感"神经。一个想八面玲珑，让所有人都说自己好的人，是很难和领导走得很近的。我们一旦向领导靠近，肯定会有一部分同事议论，甚至说难听的话。因此，我们要试着让自己的神经不那么"敏感"。有什么关系呢？别人喜欢说是他们的事，我们要突破这种心理负担，因为这关系着我们的职场之路。

四是要多向领导汇报工作。很多人心里想着接近领导，想和领导走得近，却容易感觉"心虚"，好像找不到什么合适的借口或理由。

需要借口吗？其实不需要，因为机会太多了。比如，工作中抓住机会，和领导一起出差；向领导请教一些工作上的问题；向领导汇报工作，讲讲目前遇到的困难；向领导请教方案，提出意见，这些都是可以的。

五是要体现自己的价值。我们必须明确这样一个观点，如果没有价值，那做再多的工作，再靠近领导也没有用。所以，我们必须把自己的价值"拿"给领导看。可以是工作的能力，也可以是办事的能力，总之必须有价值。如果没有，那就想尽一切办法提升自己，努力总会有的。

最后，还要记住，就算与领导关系很近了，公开场合，还是要与他们保持一定距离，这是对领导的尊重。

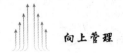

电梯里偶遇领导该怎么寒暄

在职场上，如果领导平时太忙难得遇见，或者我们自己层级不够，那么直接面对领导的机会并不多。在这种情况下，想要在领导面前有所表现，得到领导关注，那是难上加难。没办法，与领导之间的"空间距离"，有时也会成为障碍。

因此，如果在非正式场合偶遇领导，我们一定要把握好有限的时间和机会，学会用一些技巧跟领导"搭讪"，赢得领导的好感。当然，这并不是投机取巧，而是要从生活中的细枝末节，增进与领导的关系。

非正式场合有很多，比如电梯里。

很多职场人在电梯里偶遇领导，会感觉很紧张，不知道说什么，或者直接无话可说。为什么呢？因为电梯是个狭小的密闭空间，在这个小空间与领导"近距离"接触，在领导带来的压迫感下，紧张也就在所难免了。电梯里遇到领导，多数职场人的表现是：能躲则躲，躲不开就说声"领导好"，然后低头假装玩手机。其实，这反而会给领导留下不好的印象。

电梯里遇到领导，可能会让人紧张和尴尬，但仔细想一想，这难道不是一个展示自我的机会吗？

小郭与小赵是某公司的员工，两人在同一部门工作。

这天，他们要参加一个会议。会议室在十六楼，两人都抱着资料，匆匆跑向了电梯间。好巧不巧，公司董事长也要坐电梯，三个人就在电梯里偶遇了。

董事长平时不在公司里，好不容易遇到了，不打招呼说不过去。小赵先开口："董事长您好，您下几楼？"

董事长看了看小赵，面露不悦，没有说话。小赵尴尬地挠挠头，不好意思地笑笑，也没话说了。

小郭看出端倪，赶紧"补救"："董事长，您去几层呀？我帮您按！"

董事长看看小郭说："帮我按十五楼，谢谢。"

小郭按下了十五楼。旁边的小赵伸手刚想按十六楼，却被小郭拦住了。

董事长看到，默默地点了点头。董事长问小郭："你们这急匆匆的，是有什么急事吗？"

小赵赶紧回答："上海的分公司出事了，我们急着开会确定解决方案。"

小郭笑着补充："其实也没啥大事，我们正在协调那边的工作人员解决，很快就有解决方案了。"

说话间，电梯已经到了十五层。小郭一边用左手按住"开门"按钮，一边伸出右手请董事长走出电梯。跟着董事长走到十五层的办公室门口，小郭这才转身，朝楼梯间走去。他要走楼梯再上一层到十六楼。

走之前，董事长对他说："小郭呀，散会后，你来我办公室一趟。"

很快会议结束，小郭来到董事长办公室。董事长问："上海的分公司出什么事了？"

小郭回答说："董事长，这个问题，由部门经理向您汇报比较合适。您问到了，我就简单汇报一下，主要问题是分公司新采购的一批建材质量有问题，发现得比较及时，没有造成损失。目前，我们在追究供货商的责任。"

董事长点了点头："我明白了。等一会儿，我去找你们部门经理，再详细了解一下情况。现在还有另外一件事，我想征求一下你的意见。"

小郭："董事长，有什么事您直接吩咐。"

董事长："我办公室里缺一个秘书，我看你挺适合的，你愿不愿意调到我办公室来工作？"

小郭愣住了，不敢相信好运会突然降临到自己头上。

他小声说："董事长，我当然愿意。只是有些惶恐，怕自己能力不足，辜负了您的厚望。"

董事长笑着说："职场上的事，见微知著。我虽然和你接触不多，但通过这几件小事，发现你头脑灵活、办事可靠，而且谦虚谨慎、很有格局，这就是我需要的人才啊！"

自此，小郭跟着董事长步步高升。

很多人总是抱怨，认为自己空有才能，却没有机会得到领导赏识。其实却忽略了，领导识人，有人看能力，有人观大事，有人察细节。很多时候，机会也许就在眼前，只是我们看不清，抓不住，让机会白白溜走了。

小郭和小赵就是很好的例子。只因为电梯里的一次"偶遇"，小郭注重细节，得到了领导的关注。而小赵却因为不懂得商务礼仪，而惨遭领导嫌弃。所以，不要抱怨没有机会，机会永远是留给有准备的人的。

电梯里的机会，也要想办法抓住。

那么，电梯里遇到领导，我们应该怎样做才能不失尴尬，又能在领导面前展示自己，甚至被高看一眼呢？一般来说，要注意以下四点。

一是说话要经过思考。在职场中，一些禁忌用词，一定不能说。比如，在会场上，我们请领导到台下给优秀员工颁奖，就不能说："领导，请您下台颁奖。"有些领导在意这些，会觉得"下台"不吉利。我们可以换一种得体的说法："领导，请您移步到台前，为优秀员工颁奖。"

在电梯里，同样有一些"用词忌讳"。比如，我们可以问领导"您到几层"，却不能说"您下几楼"或者"您下去几楼"。"下去"听起来实在让人不舒服。因此,这个用词忌讳,我们要记住,以免惹领导不快。

二是要巧妙地打破尴尬。在电梯里遇到领导,很多人不知道聊什么话题,也不知道什么话题比较"安全"。这就造成了一种想聊而不会聊的尴尬局面。不要紧,实在不知道聊什么时,可以找一些日常的、安全的话题,比如可以聊聊天气,"今天的天气可真热啊""这天气可真冷啊",几句话打破尴尬局面。还可以聊聊交通,说说堵车问题;聊聊新闻,如果能知道领导感兴趣的点最好。当然,还可以聊工作,这是我们和领导最熟悉的话题。

三是要巧用"麦肯锡"法则。麦肯锡电梯法则是什么呢?麦肯锡有位项目经理,在电梯间里偶遇大客户,结果没能在三十秒内说服对方,错失了一个大单。从此,麦肯易要求员工做到:遇到机会,要简单干脆、一针见血,用最短的时间达到结果。因此,我们在电梯里遇到领导,说事情时,也要少说废话,突出重点,言简意赅。这样既能引起领导的兴趣,又能让领导觉得我们干练。

四是要遵守电梯乘坐礼仪。很多年轻人认为:不就是乘坐电梯吗?还能有什么礼仪?这样想,就大错特错了。乘坐电梯时遇到领导,商务礼仪不能忘。

先敏捷地主动按开电梯,一手按住"开门按钮",一手扶住电梯口,请领导先进;进入电梯后,要主动询问领导到几层,帮领导按下楼层;如果没有特别紧急的事,要先将领导送到楼层,再去自己的楼层;在电梯里,要主动问候领导,打破尴尬;电梯到了领导要到的楼层，要主动提醒领导到了，同时一手按"开门按钮"，一手扶住电梯口，送领导出电梯，切记要让领导先出电梯。

在职场中，细节决定成败。千万不要小看"和领导同乘电梯"这件小事，很多时候，它也可以决定我们的职场成败。

领导当众表扬，怎么回答才能继续加分

在工作中，一般的员工大都有过这样的经历：当某项工作完成得非常棒，或表现很突出时，领导心里高兴，当众表扬，甚至给予物质上的奖励。

这个时候，是不是很开心？是的。人人都喜欢被夸奖，因为受到夸奖时的满足感，会让人特别愉悦。在职场中受到领导表扬，会更让人开心，因为领导的表扬，本身就代表着一种肯定和认可，甚至是欣赏和重用。

被领导当众表扬时很开心，那么开心之余，我们应该如何应对？有人说：这还不简单啊，谦虚一下，客套一番不就可以了。比如，可以说："哪里哪里，我做得还不够好……"谦虚有了，客套也有了，但这样的回答真的好吗？

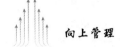

我们来看两个案例，面对领导的表扬，不同的回答，带来了不同的结果。

案例一：

小周进入公司一年多，工作认真努力，进步非常快。尤其是在最近的项目中，她加班加点，废寝忘食，为项目推进做出了非常大的贡献。

因此，在开项目总结会议时，领导特意点名表扬了她，小周虽然是新人，但任劳任怨，工作态度认真负责，出色地完成各项工作任务，对项目推进做出了突出贡献。

突如其来的表扬，令小周顿时手足无措。她慌慌张张站起来，感受到同事们焦距的目光，脑袋一片空白，想说点儿什么，却张口结舌什么也说不出来。她很想谦虚几句，却又怕说不好拂领导的面子，憋了半天，只说出一句："谢谢大家。"

坐回位子上时，她分明看到了领导眼中的失望。

案例二：

小吴同样是一名工作认真努力的员工。因为在项目中表现出色，他也被领导当众表扬了。

领导说："小吴最近的表现非常出色，因为他的努力，我们的这个项目才能顺利推进。为了表彰小吴的贡献，我准备向管理层提名小吴为本季度优秀员工，大家要多向小吴学习。"

掌声响起，小吴喜滋滋地站了起来。

小吴说："领导过奖了，这要感谢您平日里的培养跟关照。要不是您的栽培，我什么也做不好，我今后一定加倍努力，回报您和公司。另外，也要感谢大家的帮助，在大家的帮助下，我才有了今天的进步。感谢领导，感谢大家！"

小吴的话说完，同事的掌声再次响起。领导看向小吴，满意地点了点头。

这两个案例，同样都是"员工受到领导表扬"，可为什么结果却天差地别？区别就在受表扬者不同的应对上。在职场中，工作取得成绩，获得领导的表扬，本来是一件好事，说明领导满意、信任和认可，但如果应对不当，往往会起到反效果。第一个案例中的小周，她错在不知如何应对，白白浪费了一个大好机会。而第二个案例中的小吴，却用巧妙的回答，把功劳分给了领导和同事，结果领导满意，同事高兴，这就是不同。

高情商的员工，在获得领导认可，受到领导表扬时，不仅能应对自如，还能通过出色的应对为自己加分。那么，我们应该怎样做才能实现高情商的应对呢？一般来说，要注意以下四点。

首先，要领会领导夸奖的意义，不要一味谦虚。谦虚是种美德，但在领导当众表扬时一味谦虚，就不妥当了。很多领导喜欢当着众人的面，夸奖自己的下属工作得力、上进心强，是不可多得的人才。其中，固然有肯定下属能力的意思，但往往还有另一层深意：给自己撑面子。下属优秀，领导慧眼识珠，不是更优秀？

因此，当领导当众表扬时，我们要懂得接住领导的脸面。这时可以谦虚，但不能过分谦虚，也不要回答一些反面的回馈，比如"自己的能力不行"等。而是要顺着领导的话，给领导正面的回馈，让领导更有面子。

其次，要学会把主体转移到领导身上。这一点，应对起来不难。比如，领导当众夸奖我们时，如果只说："谢谢领导肯定，我会继续努力，争取做到更好。"这只是表明收到领导肯定的信号了，效果一般。

而要想效果更好，可以这么说："谢谢领导肯定，我能取得好的成绩，全靠您的大力栽培，我从您身上学到了很多。"这就是主体的转移。当然，除了把主体转移到领导身上，也可以转移到团体身上。比如领导夸我们工作完成得好，这时候可以回答："谢谢领导夸奖，我个人没办法取得这样的成绩，全靠平台和团队的力量。"这样把主体转移到团队，领导满意，团队成员也高兴。

因此，在面对领导的夸奖时，我们需要稍微转变下回应方式，把主体转移到领导身上，皆大欢喜，这就是更高明的回应方式。

再次，要能听明白领导表扬中的深意。职场中有句话是这么说的："领导的表扬需要减半听，领导的批评需要翻倍听。"什么意思呢？这就是说，有时候适当的肯定，只是领导调节关系的手段，我们不要一听表扬就飘飘然了。

因此，当领导当众表扬我们时，一定要收起那份"得意"的心，不要一高兴就不知道自己是谁了。对外不要过度谦虚，要给领导留面子，但内心深处要时刻保持清醒，要知道，领导的表扬有时候也是一种鞭策。

最后，要学会适当升华一下夸奖。要把夸奖往更深的地方延伸一下。比如，我们可以感恩："感谢领导的夸奖，感谢您一直以来对我的无私关怀和指导，是您的悉心栽培，才让我有了成长的机会。"再比如，我们也可以用行动表态："感谢领导的表扬。我一定不辜负您的期望，在今后的工作中会更加用心，更加努力，用更好的成绩回馈公司。"

总而言之，语言的力量是惊人的。受到领导当众表扬时，一句得体的回答，不仅会让领导印象深刻，还能融洽人际关系，为我们的职场生涯带来强大的助力。

领导找你闲聊，你该怎么办

朋友之间，没事聚在一起喝喝茶聊聊天是很平常的事。然而在职场中，领导和下属之间，这种情况就不是很多了。一是因为上下有别，领导身居上位，不方便总找下属聊天；二是领导往往很忙，很少有人闲来无事去找下属聊天。

在职场中，虽然领导大多数时候只关心下属的工作进度或效率，但也有领导愿意空出时间找下属聊天。领导找我们聊天，这代表

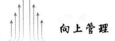
着什么呢?

有些人认为这是好事,因为领导愿意空出时间找我们聊天,不仅代表着关心,也代表着重视。还有人认为这是坏事,明明领导工作很忙,却还来找自己闲聊,肯定是有什么目的,这是一种危险的信号。

其实,不管领导找我们聊天的原因是什么,我们都应该小心应对。因为,这是与领导的一次"近距离"接触,稍有不慎,就有可能会阴沟里翻船。

小海进入一家知名企业后,一直非常努力。为了能得到部门领导的重视,他拼命工作,加班加点是常有的事。

有一天下班后,他正加班忙一个方案,领导却突然把他叫到办公室里。他以为领导找自己谈工作,没想到领导却只是想找他谈谈心。

领导和他聊的是一些琐碎的事,聊着聊着,他原本紧张的情绪逐渐放松下来。他慢慢地也打开了话匣子,和领导聊得很愉快。期间,领导和他交流了一些同事关系的事情,向他询问哪位同事表现好,该晋升。

领导还强调这只是闲聊,让他不必有顾虑,想到什么就说什么。

小海很感动,以为这是领导信任自己的表现,于是开始如实说出自己的观点。他把领导当成了"知心老大哥",说了很多关于人际关系的事情。

他以为，这次聊天之后，他与领导的关系会更近一步。却没想到，一番交谈后，领导不再重用他，他慢慢成为团队的边缘人。

　　在职场中，领导突然找我们聊天，往往都是带着目的的。比如：

　　有意提拔和重用我们。这种情况比较常见，因为领导想提拔和重用一个人时，往往会采用各种方式进行考察。而聊天，则是最轻松的考察方式。领导会通过闲聊的方式，问问我们的工作情况，甚至是生活情况。在拉近距离的同时，他们还会通过闲聊告诉我们，为了能提拔我们，他们付出了怎样的努力，我们应该怎样用心回报等。

　　有意套我们的话。这种情况在职场中也很常见。很多时候，领导会找我们聊一些日常工作，也会对我们工作的某些方面进行肯定和鼓励。但这些都不是重点，重点是在聊天的过程中，我们的防备心会降低，而领导却会趁机打听一些他想知道的话题。比如，某个同事的个人情况，同事们对新领导的看法等。这些才是领导真正想知道的。

　　有意提醒我们还需要努力。有时候，领导找我们聊天，可能是因为我们的工作没有做好。在职场中，如果我们的表现突出，领导只会当众表扬而不会私下谈话。而当领导找我们聊天时，那就有可能是工作出现了问题。这时，领导可能会以"聊天"的方式，和我们聊聊工作情况，提醒我们要认真工作，加倍努力。因为闲聊的方式比当众批评效果更好。

　　不管领导出于什么目的找我们聊天，我们只要秉持四个原则，就不会出现纰漏。

第一个原则：正面评价。在与领导聊天的过程中，不管聊到谁，我们都不能做任何负面评价。

有些领导，刚到一个地方，因为不太熟悉情况，可能会找一些下属聊天。通过聊天，他既能表现自己的亲和力，又能及时了解公司及下属的情况。还有一些领导，为了拉近与下属的关系，或者了解一些基层情况，也会与下属聊天。

聊天与谈工作不同，因为是闲话家常，所以聊的内容往往很琐碎。因此，很多下属对"聊天"往往没有防备。

有些下属在聊天的过程中，为了给领导留下好印象，会把自己知道的各种事，比如公司秘闻、小道消息、公司八卦、同事评价等，如同竹筒倒豆子一样，全都倒了出来。他们会觉得，与领导聊天就应该知无不言、言无不尽，而且毫无保留地交流。

但很可惜，这是最愚蠢的聊天方式。有没有想过，当领导听到这些负面的、乌七八糟的事情时，他们会怎么想呢？他们会觉得这样的下属太可怕了，什么都敢说，绝对是个定时炸弹；他今天敢说小王的"绯闻"，明天就敢说我的"糗事"，我以后可得防着点儿。

有了这样的"定位"，领导以后还敢重用我们吗？肯定不会。所以，当我们与领导聊天时，一定要做正面评价。让评价同事，就说同事的优点；让说对某领导的看法，就多说一些优点。不传小道消息，不八卦别人，评价一定是客观、公正、正面的，这样才最妥当。

第二个原则：不抱怨。在与领导聊天中，切记不能抱怨，因为这会让领导看到你的无能。

聊天过程中，有些领导会很关心地问下属："你觉得部门有什么问题吗？放心说，大胆说，我想听真话。"我们以为是闲聊，于是就开始说各种问题，这里不好，那里也不好。还有些人，以为可算找到机会了，马上将自己对部门、对公司的不满，一股脑地都说了出来，满腹怨气。

这样好吗？当然不好。

一个满腹抱怨的下属，只会让领导心生厌恶。在他们看来，抱怨只是下属无能的表现。而且，团队里有个消极抱怨的员工，就犹如一粒"老鼠屎"，会弄脏整锅粥。

所以，哪怕是在闲聊，也不要向领导抱怨，而是要保持积极的一面。就算真的有问题，也要将问题转化为可行性建议，让领导看到我们的能力。

第三个原则：少打听。少打听什么呢？自然是领导的私事。

很多领导比较有亲和力，愿意在工作之余跟下属闲聊，除了可以了解更多的信息外，还可以拉近与下属之间的距离。

聊得多了，领导与下属之间的关系会很亲近。这会让有些下属产生一种错觉：领导很随和，没什么架子，什么都可以聊。于是，聊着聊着，他们就开始关心领导的生活问题；聊着聊着，他们开始打听领导的私事：

"嫂子是做什么工作的？平时忙不忙？"

"小孩几岁了？学习成绩怎么样？"

朋友之间这么聊，当然没有问题。可如果打听领导的私事，那

就越界了。在职场中，千万不要为了拉近关系而去打听领导的私事，比如领导的收入、婚姻、经历、健康等，这样会引起领导的反感与猜忌。就算领导主动聊起自己的私事，听听就好了。

第四个原则：要踏实。朋友在一起聊天，侃侃大山，气氛更加融洽。而与领导聊天时，最好不要吹牛或贬低别人。

吹牛除了会让领导感到滑稽可笑外，也会让他觉得这个人不可靠，只会夸夸其谈，没有真本事。而随意贬低别人，则会让领导在我们的"人品"上画个大大的问号。没有任何领导愿意重用和提拔一个浮夸、不靠谱、人品不佳的人。

领导和我们聊天，别看只是一件很小的事，搞不好，会是一场很重要的考验。

给领导发拜年祝福，有哪些讲究

很多职场人，在关于是否给领导送上拜年祝福这件事上，往往存在着三种心态：

第一种，忘掉节日，与领导保持距离，凭能力在职场立足。

第二种，犹豫不决，到底要不要给领导送祝福呢？

第三种，要给领导送祝福，该怎么送呢？

中国是礼仪之邦，过年时相互间拜年是很重要的仪式。而给亲戚、朋友、同事、领导发信息拜年表达祝福，已经成为一种常见的方式。尤其是给领导发拜年信息，虽然只是一个小小的举动，但同样可以在领导心目中留下好印象。

因此，对于一个职场高手来说，上述三种心态都不要有。过年就要就给领导发拜年信息，而且还要懂得发，发得好。

某公司里人才济济，小王属于比较平庸的那类人。他没有什么特别出彩的能力，业务水平也一般。可不知道为什么，领导却特别喜欢他，虽然他没得到什么晋升的机会，但工作却异常顺利。疫情期间，公司曾裁掉一大批员工，很多优秀员工都被迫离开了，他却稳如磐石。这是为什么呢？他是有什么技巧吗？

小王在公司里的好搭档小张解开了谜题。小张说，小王与领导打交道时，特别会来事，总能在领导需要的时候，让领导想到自己。比如，每年过年的时候，他都会第一时间给领导拜年。而且发给领导的祝福语从不在网上复制粘贴，而是自己用心编辑过的，每一条信息都能发到领导心坎里。领导青睐他，很大程度都是因为他的"善解人意"。

这就是小王的职场生存法则。虽然在大多数情况下，我们不会因为一条拜年信息就能升职加薪，也不会因为不发就落下个"工作不到位"的评价。多数领导也不会因为没有收到拜年信息，而给我们穿小鞋。但是，还是应该发。

为什么一定要给领导发拜年短信呢？因为对于领导来说，不论官职大小，下属恰当的新年问候，刚好能满足马斯洛理论当中的"安全需求"与"尊重"两个关键点。

安全的需求：作为下属，我们把工作做好，有好业绩，领导自然能向上级有个交代。

尊重的需求：领导希望自己有地位、有威信，能受到下属的尊重和信赖。

如果我们只是做好了本职工作，取得了好的业绩，那只满足了领导的"安全需求"。而领导所需要的，等级更高的"尊重的需求"，我们却没能满足。这就好比炎炎夏日，领导口渴了，给他送去一块冰镇西瓜，比送去一瓶矿泉水更能让他满意。

或者，我们也可以思考一下：如果我们是领导，过年的时候是希望下属一言不发呢，还是恰如其分地发信息表示感谢和尊重呢？毫无疑问，自然是后者了。不管下属发的是什么样的"祝福语"，我们收到了，终归会心里一暖。

心里感动，自然而然就会留下好印象。

那么，问题来了：一条简简单单的拜年信息，我们应该怎样发，才能收到最好的效果呢？其实，这里面也是有讲究的。一般来说，要注意以下六点。

第一，拜年要趁早。过年期间，尤其是大年三十晚上，往往是信息拜年的高峰期。早些年的时候，因为大家都在这个时间段发信息拜年，所以经常会发生网络堵塞的现象。随着网络建设的发展，现在的网络基础设施更加完善，网络堵塞的情况相对较少。而且，现在大家普遍使用微信等即时通信工具进行拜年，相比以往的短信拜年，网络堵塞的可能性更小了。但是，给领导的拜年信息还是要早发，最好选择在腊月二十八或者二十九发。因为这个时候，拜年信息还不是很多，领导有时间和心情去看拜年信息，这比较容易给他留下深刻的印象。

第二，内容要讲究。给领导发信息拜年，写些什么好呢？很多人绞尽脑汁也想不出来，或者怕写出来不合适。不用顾虑太多，给领导的祝福信息，简单的"称呼"，加"感谢"，加"祝福"，加"署名"就可以了。称呼要带上，以示尊重；感谢要具体，可以具体到事，更显真诚；祝福要贴切，且要精简干练，篇幅不能过长。最后要有署名，不然领导看信息时不知道是谁发的。

第三，不要复制粘贴和群发。每年过年的时候，各种各样的拜年信息铺天盖地。很多人为了省事，会直接选择一条看起来不错的拜年信息，复制粘贴。这样好吗？当然不好。领导收到复制粘贴的拜年信息，会觉得我们没有诚意，连看都懒得看。有些领导甚至会想：连拜年信息都这样敷衍了事，他能干好工作吗？因此，还是要用点儿心思，认真编辑。记住，情真意切的祝福信息，领导更喜欢。

第四，打字就好。为什么这么说呢？因为很多人在发拜年信息时，喜欢"图文并茂"，文字中夹杂着很多图案、表情等。亲朋好友之间这样发，当然可以，既好玩又热闹。但如果是给领导发，最好不要这样。给领导发拜年信息，内容点到为止，只要把想表达的核心内容及要点表述清楚就可以了，太多乱七八糟的东西，领导反而会不喜欢。

第五，真诚最重要。给领导发拜年信息，不要刻意讨好，按自己的习惯来就好了。我们平时是什么样的风格，就还这样做，领导看得到。比如，有的人性格直爽，写拜年信息的时候，一样可以大大咧咧；有的人文笔很好，写拜年信息的时候，也一样可以文采飞扬。不用绞尽脑汁写那些不切实际的，这会让领导更反感。

第六，领导不回复也是正常的。很多人怀着美好的祝福与心愿给领导发拜年信息，发完之后心里一直期盼着领导的回复。如果领导不回复，心里就会非常不舒服，甚至自我怀疑：我是不是哪里没有做好，惹领导生厌了？其实大可不必。过年期间，领导往往会收到很多祝福信息，他不可能全部回复，而是往往选择一些比较重要的对象回复，比如他的上级领导、重要客户等。所以领导不回复，我们也不要总惦记着，自己心意到了就好。

总而言之，给领导发拜年信息，最重要的是用心。多用点儿心思，领导看得见。

第七章

不同类型的领导如何打交道

　　有人说，大海中有多少种鱼，职场中就有多少种领导。的确，领导的类型太多了：有的领导性格温和，为人谨慎；有的领导脾气暴躁，做事草率；有的领导喜欢纠结，决策犹犹豫豫；有的领导强势霸道，说一不二……这么多不同类型的领导，我们要如何打交道？不用着急，每一种类型的领导，都有他们的优点和缺点，自然，也有容易切入的突破口。只要我们静下心、沉住气，应对他们其实很简单。

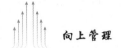

遇到"奇葩"领导该如何应对

在职场中，我们有时会遇到一些比较"奇葩"的领导。与好的领导相处，不仅能学到东西，获得晋升，还能得到快乐；而与"奇葩"领导相处，不仅工作容易受到影响，个人的职业发展、情绪等，也有可能会受到影响。

小芮在一家外企工作，福利待遇都很不错，身边的朋友无不羡慕。原本，她觉得能进入这样的企业是一种幸运，但是最近，这种"幸运"却变成了"噩梦"。原因是，她遇到了一位"奇葩"领导。

小芮的这位领导有多奇葩呢？

领导姓苏，人称"苏姐"，是大家眼中的"工作狂人"。她不仅自身如此，对下属也表现出了同样的期待。她经常会在晚上十二点左右因为工作的事联系下属，也不管下属有没有睡觉。而且，她还不喜欢发短信、用微信，认为那太浪费时间，经常一通电话就聊上一两个小时，解决完问题才让人睡觉。

最让人难以接受的是，很多问题并不着急，完全可以第二天到公司再解决，可她却偏偏选择半夜打电话，让人难以忍受。而且，她电话中沟通的语气也是盛气凌人，让人很不舒服。

小芮就经常在夜里收到苏姐的信息，问关于某某项目的事情。如果不回复，她会一直发信息问，甚至会在第二天"发难"。如果回复，她会接着问"能不能电话讨论一下"，然后一通电话就是几十分钟，更甚者一两个小时。

时间一长，小芮的同事都吃不消了。他们纷纷吐槽，认为这个领导太奇葩太难相处了，也都不愿意接近她。不管是从精神上还是从心理上，同事们都受到了严重的影响：有的因为长期被领导夜间"骚扰"，不能好好休息，患上了严重的失眠症，不得不吃药治疗；有的因为不堪忍受折磨，奋而开启了"战斗"模式，和领导吵了两次架后，终于摆脱了领导的"骚扰"。

小芮也快要忍受不了这位"奇葩"的领导了。她不知道该怎么办，想反抗又不会像同事那样争吵，想离职又舍不得这么好的公司。她有些迷茫了。

在职场中，其实这样"奇葩"的领导有很多。如果我们很不幸地遇到了类似的"奇葩"领导，无法避免又无法轻易离开，那么就必须学会和他们共处，并从容应对乃至驾驭这些"奇葩"。

在学会应对并驾驭这些"奇葩"领导之前，我们先来看看，他们都有哪些奇葩之处。知己知彼，方能百战不殆。

喜欢抢功劳的"奇葩"领导。这类领导，经常是神龙见首不见尾。他们不喜欢人前显露，不喜欢当面交代工作，总喜欢通过发邮件、发信息隔空指挥，谁也不知道他们在哪里。但是，老板一在工作群里说话，他们就会马上回复，似乎一直在盯着老板的动向。下属做出什么成绩，哪怕是其他部门同事完成的工作，他们也能把功劳毫不客气地据为己有。

做事非常糊涂的"奇葩"领导。有多糊涂呢？他们交代下属办事，永远理不清楚，似乎他们的脑袋里都是糨糊。但他们却不觉得自己糊涂，反而认为下属理解有问题。他们说事情没有逻辑，永远说不到重点；开会经常东拉西扯，说一些无关紧要的事，而实际问题却解决不了。

自大又狂妄的"奇葩"领导。他们对领导或老板往往会充满热情，但在下属面前，却自大又狂妄。他们喜欢摆出"上位者"的姿态，以前辈的身份教育下属，以显示自己的才能和威信。他们以为自己无所不能，却总会让下属饱受折磨。

在职场中，当然不只这三类"奇葩"领导，实际上，"奇葩"的类型还有很多。但是，通过观察这三类"奇葩"领导，我们会发现，他们只是性格上或偏激或古怪，难相处而已，却并非无法相处。另外，既然是领导，那就算再"奇葩"，他们也必然有过人之处。

因此，在职场中如果不幸遇到"奇葩"领导，我们也不要丧气，要把应对他们当成一项艰难的工作任务，努力去攻克。

如此，我们就能很好地与他们相处了。

一般来说，遇到"奇葩"领导，我们可以从以下几个方面着手，试着应对。

第一，不在背后抱怨。在职场中，我们如果遇到"奇葩"领导，要调整心态积极面对，而不要在背后抱怨，更不要在背后议论领导。抱怨除了让事情更糟糕，心情更郁闷外，并不能解决任何实质性的问题。

　　第二，要了解"奇葩"领导的性格特点。俗话说，知己知彼，方能百战不殆。当遇到"奇葩"领导后，我们首先要想到的就是去了解"奇葩"领导的性格特点，从而采取不同的应对策略。比如，如果领导爱挑刺，喜欢追求完美，那我们就要做好充分的准备和规划，把工作做到尽善尽美。只要弄清楚"奇葩"领导的性格特点，那应对起来会轻松很多。

　　第三，要学会有效地沟通和表达。在职场中，多数"奇葩"领导其实并不是故意找碴儿或为难，只是性格使然，或者对我们的工作内容、方式不太了解。很多时候，当我们能用客观、清晰、有条理的方式向领导解释或表达时，问题也就迎刃而解了。当然，沟通的时候，态度要诚恳，这会让领导听起来更舒服。

　　第四，专注于工作。在职场中难免会遇到"奇葩"领导，因为相处困难或者沟通不畅，给我们的工作带来了很大的阻碍。那么这个时候，我们应该怎么办呢？一定要有专注精神，专注于自己的工作，千万不能因为一点点不顺利就轻易放弃。不管领导如何"奇葩"，我们只管专心做好分内事，自然能赢得他们的信任。

　　第五，主动寻找帮助和支援。如果实在搞不定"奇葩"领导，这个时候，我们可以主动向同事或者其他领导请教和寻求帮助。比如，我们实在摸不透"奇葩"领导的性格，那就可以多问问了解他的人，他们会告诉我们如何应对。很多时候，来自同事的帮助，能让我们更加顺利地解决问题。

第六，向"奇葩"领导学习，加强自身能力的提升。我们在前面说过，领导既然能成为领导，哪怕本身有一些"奇葩"的地方，他们也会有很多值得我们学习的地方。因此，别管他们有多"奇葩"，我们要认认真真地借鉴他们的工作方法和经验，学习他们的长处，努力改正自己的不足。向他们学习的同时，我们自然而然也就能应对和驾驭他们的"奇葩"了。

第七，我们要让自己变得无可替代。遇到奇葩领导，除了要把自己的工作做好以外，我们还要不断努力，提升自己的工作能力，让自己的工作更加出色。当我们在工作中变得无可替代时，"奇葩"领导就不会再有刁难或者指责了。

在工作中，各种各样的领导都有，一不小心遇到"奇葩"领导，也不必消极难受。我们不能让领导来适应自己，但却可以通过调整自己来适应对方。换个角度想，当我们连"奇葩"领导都可以应对自如，那工作中还有什么可以难倒我们的呢？

遇到"纠结型"领导该如何应对

在职场中，有这样一种类型的领导，很让人受不了。

他们做事情，总是习惯性地瞻前顾后，犹犹豫豫。明明事情不大，却总纠结得不行。尤其是在做决策时，这样不行，那样也不行，纠结得让人抓狂。总之，一件简单的事，到了他们那里，就会变得无比复杂，难度增加、效率降低。

为什么会这样呢？这类领导其实是对工作缺乏通盘思考能力和系统性的规划，注意力又容易被细枝末节分散。再加上胆小、怕事，又比较情绪化，常常拿不定主意，于是做决策往往就拖泥带水，过后可能还会推倒重来。

有时，他们刚刚定好的方案，可能去趟洗手间，回来就把原方案完全否定了。

这种类型的领导，相处起来实在是太难了。那么，如果遇到"纠结型"领导，我们应该如何应对呢？

153

我们来看下面两个案例。

案例一：

小 A 在某公司任职，能力强、业务精，跟同事们相处得也很好。部门主管离职后，他成了最受欢迎的候选人之一。同事们都说，这主管的位子十有八九就是他的了。

不过，小 A 虽然综合能力很强，但却有一个致命缺点，那就是性格比较急躁。因为这个缺点，领导没少说他，可他就是改不掉。好在领导性格果断干脆，擅长做决策，指挥他也算得心应手。

领导总对他说：你这性格啊，以后万一换个领导，那可就难过了。

没想到一语成谶，小 A 的领导果然换了。因为业务需要，原领导被派往国外，一位新领导空降到了小 A 所在的业务部。

与老领导果断的处事风格不同，新领导做事情犹犹豫豫，瞻前顾后，有时很小的一个决策，她也要左思右想，摇摇摆摆。

对于急性子的小 A 来说，这简直就是煎熬。在一次部门会议上，新领导的"纠结症"又犯了，犹犹豫豫不知道该选哪个优秀方案，甚至还提出了"下次开会再定"的建议。小 A 忍无可忍，终于拍案而起，跟新领导吵了起来。

结果可想而知，新领导对小 A 的印象急转直下，部门主管的位子，最终落在了另外一个同事身上。

案例二：

小 E 是一家策划公司的主管，某个活动日期临近，但是关于活动的选址，却一直没有最终敲定。问题出在经理身上，她想挑一个最佳位置，把活动举办得漂漂亮亮，因此看了很多个地方都不满意。

针对这种情况，小 E 没有抱怨，也没有像第一个案例中的小 A 那样急躁，而是用心工作，列举了 A、B、C 三个选址，并分别向领导汇报：A 选址在市中心，地理位置比较好，人流密集，在这个地方举办活动，更有利于形成宣传效应，但缺点是租金较高，成本较大；B 选址位置偏僻一些，人流较少，但活动场地比较大，而且布置都是现成的，可以节省很多成本，最重要的是，租金只是 A 选址的一半；C 选址位置适中，属于折中方案。

同时，小 E 还向领导汇报："领导，我已经联系了所有的场地提供方，由于时间比较紧迫，且此前没有预定，因此合适的场地，目前只有这三个。您主导过很多大型的活动，都非常成功，在选址方面的经验非常丰富。这一次，您也一定能够英明决策，选出一个最佳的活动场地。"

这一番话说得领导非常满意。她认真地看了三个场地，最终拍板，挑了比较适中的 B 选址。

同样是遇到"纠结型"领导，为什么小 A 失掉了部门主管的职位，而小 E 却能让领导高高兴兴、痛痛快快接受自己有建议，顺利推进工作呢？这其中的差别在哪儿呢？毫无疑问，他们所差的，是应对"纠结型"领导的正确方式。

我们必须要明白，在职场中，指望领导个个果断干脆，那是不可能的。不同的性格气质、思维方式、做事风格，造就了领导的"千人千面"。而作为下属，我们遇到"纠结型"领导不要去抱怨，而是要主动适应、慢慢调整，逐步磨合形成良好顺畅的职场关系，这才是正确的应对方式。

那么，具体应该怎样应对呢？可以总结为以下几点：

一是要当面遵从，私下等待。当领导犹犹豫豫，反复无常时，我们最大的感受是什么？无奈、烦躁，甚至是不满。这些都不对。作为下属，无论有多不喜欢这种方式，我们都要耐心听、认真记，千万不要露出不耐烦或不痛快的神色，更不可以当面顶撞，质问领导。否则，无论我们干得多辛苦，也会被扣个骄傲自满、不服从的帽子。

最正确的做法是，收起不耐烦或不痛快，当面愉快地服从，而私底下，可以对领导某些变来变去的要求适当缓办。缓办不等于不办，在接近时间节点的时候，可以把综合了领导各种想法的意见呈上去，这样领导就比较容易下决定了。

当然，这样做的前提是，我们要对任务有着充分的理解和把握。如此，才能给出比较合理的建议。

二是要及时汇报，引导领导决策。遇到"纠结型"领导，我们还可以采用"引导"的方式，帮助他们下决定，做决策。那该怎样做呢？很简单，我们自己要辛苦一些，提前做足功课，多列几个可供选择的方案，并详细阐明每种方案的利弊，引导领导做出选择。

当然，领导本身有"纠结症"，在引导他们做决策前，我们需要多花些功夫，用专业知识和技能，为他们"圈定"一个可供选择的范围。他们需要做的，仅是把几个方案的长处综合在一起，再完善一下、比较一下。有了方向，他们做选择自然就容易多了。

　　三是要抓住问题焦点提建议。很多时候，领导之所以反复纠结，拿不定主意，主要在于没有抓住问题的焦点。身在局中，他们可能看不到问题所在，而作为下属，我们看到之后，要学会适当的提醒。

　　问题的争议焦点在哪里？突破口在哪里？这样的提醒，常常有助于领导理清思路，豁然开朗。他们一旦想明白了，那做出决策就容易多了。

　　为了帮助"纠结型"领导下决心，我们还可以通过"外界评价"来增进推力。优柔寡断型的领导，往往都喜欢追求完美，自然也很注重外界的评价。这个时候，我们可以适当把我们所掌握的外界意见，有针对性地反馈给领导。很多时候，这种反馈不仅可以激发他们的理性思考，还能促使他们下决心。

　　在职场中，遇到"纠结型"领导，我们也许会经历一段很苦、很累、很煎熬的职场生活。甚至有可能会心灰意冷，想要放弃。但别丧气，对我们来说，这也许是个很好的锻炼机会。当最终凭借能力和智慧"搞定"这样的领导时，我们的职场生涯，必定又将更进一步。

遇到"强势型"领导该如何应对

你遇到过强势的领导吗？

你跟强势的领导相处时，是战战兢兢、如履薄冰，还是他强任他强，清风拂山岗，或者是不堪忍受转身离开？

在职场中，相信很多人都遇到过强势型的领导。强势型的领导往往具备五个特征。

一是凡事都习惯以自己为中心，或者始终将公司和自身利益放在首位，不会太多考虑下属的立场和利益；二是性格上往往有些唯我独尊，眼里不容沙子；三是自我表现的欲望非常强，总以为自己是主角，可以随意践踏下属的尊严；四是不容许下属犯任何错误，攻击起来毫不留情；五是喜欢指手画脚，把支配下属当作家常便饭。

在职场中，我们一旦遇到这种类型的领导，如果不懂相处之道，职场生活可能会非常煎熬。

大学毕业后，小华凭借出色的学历，如愿进入一家知名传媒公司，做起了记者编辑。她是新闻专业毕业，现在从事着自己喜欢的文字工作，对未来充满了期待。

然而，入职不到三个月，还没有过试用期，小华就对这份工作失去了信心，甚至还萌生了离职的念头。这是怎么回事呢？原来，这一切都是因为她遇到了一位强势的领导。

刚入职时，小华就听同事说，部门领导非常强势，要小心应对。小华不以为意，觉得领导强势是有魄力，自己不犯错就没事了。然而与领导共事一段时间后，她才发现自己想错了。

领导不是一般的强势，除了工作上严格要求外，他还动不动就对下属批评责骂。小华虽然是新人，但已经被他骂过很多次了。这种环境下，小华每天都会在担忧、焦虑、恐惧中度过，自尊和自信心都受到了严重打击。

有一次，公司举办一个重要的活动，领导安排小华写一篇通讯稿。对于这种工作，小华是得心应手，她全程参与了活动，并且认真记下了所有的要点。活动结束后，她加班加点，在当晚写出了稿件，并发送给领导审核。

她原本以为，自己花这么大精力写出来的通讯稿，领导一定会大加赞赏。哪知道第二天上班，领导却把她叫到办公室，劈头盖脸一顿责骂。

"这是你写的通讯稿吗？文风怎么这么幼稚？"

"这一段话是什么意思？你自己读一读，逻辑通顺吗？"

领导一顿批评，把小华批得体无完肤，一无是处。强忍着委屈和挫败感，她按照领导的要求，把稿子改了又改。每次改过的稿子，领导总能从中发现新的错误。在改的过程中，她甚至被领导骂哭了。

从这次之后，小华本能地对领导"畏惧"起来。每次领导一找她，她就莫名地心慌，生怕又做错什么事遭到领导批评。因为领导性格很强势，她也不敢找领导说出自己心里的想法。久而久之，她逐渐对工作失去了信心。

在职场中，我们为什么会怕强势的领导呢？这是因为，强势的领导一般都有强大的气场，而且他们的性格很"刚"，说话很直，不痛快了还可能会骂人。再加上领导的地位高于我们，我们会默认领导自带权威，下位者对上位者往往都会带着惧意。

其实大可不必。再强势的领导也只是普通人，他们也要在岗位上承受着很多的压力和责任，也需要谨守岗位职责来达成自己的业绩，更需要带领团队抢占高地。可能因为性格上的原因，他们强势、霸道，但往往只是针对工作而非个人。因此，当遇到强势的领导时，我们更应该积极面对，找到相处之道，解决问题，而不能头脑一热，选择逃避。

一般来说，应对强势的领导，我们可以从这几个方面着手。

一是忍受批评不挑战。在职场中，跟"强势型"领导怄气是大忌。"强势型"领导之所以强势，很大原因就在于他们强势的性格，他们往往令出必行，要求下属绝对服从，不喜欢下属推三阻四。如果在他们"强势"时，我们受不了气，当场反驳或者是反抗，那会出现什么情况？很显然，那会使他们感觉权威受到挑战，会更加生气。

因此，遇到"强势型"领导，就算被骂很不开心，也不要表现出反抗的情绪，那只会招来更多的指责。我们可以这样做：领导批评或责骂时，先委曲求全忍下来，认真听着，等领导发泄完脾气后，态度诚恳地表示接受批评，再心平气和地往下讨论。记着，忍受批评不立即反驳，是一种向上管理的有效策略。

二是察言观色看时机。与"强势型"领导相处，也要学会察言观色。只有充分了解他们释放出来的各种信号，我们才能够更好地与他们沟通和相处。比如，他们愤怒时，我们不要试图去劝阻；他们犯错时，我们也不要试图去指责和劝导。

这并不是说我们不关心领导，只做一个完全听话的"顺民"。发现领导不对或者犯错时，我们当然要去阻止或者劝导，只不过要选择合适的时机。

三是说话不要太直接。俗话说"良药苦口、忠言逆耳"，这虽然是至理名言，但对"强势型"的领导，却往往不起作用。有些时候，甚至会适得其反。这就好比古时大臣给帝王提意见，太直白的"忠言"往往不好听，容易惹来杀身之祸，而拐个弯顺着帝王的意思来引出自己的建议，就比较容易被采纳了。

四是要多沟通。"强势型"领导因为要求高、爱训斥人，甚至骂人，会给下属很大的心理压力。在职场中，很多下属因为害怕被强势领导批评或斥责，往往会采取回避的方式，能不沟通就不沟通。就算实在躲不开，也会尽量少说话，能不说话就不说话。

这种方式实在是大错特错。强势的领导往往更关注结果。如果沟通太少或不沟通，那么可能就会出现理解上的偏差，进而造成执行过程中出现更多错误。想想看，如果最终因理解偏差而没有达到预期效果，强势的领导会怎么做？会因为生气而更加强势，迎接我们的可能就是狂风暴雨。因此，一定要多沟通。

五是要保证正确的方向。强势的领导，一般更注重战略方面的构思，他们是舵手，把握的是大方向。而剩下的细枝末节，他们一般会交给下属处理。下属处理不好，他们就会大发雷霆。

六是要对领导保持尊重的态度。在工作中，强势的领导可能不怎么讨下属喜欢，甚至会让下属反感，但不可否认，他们多数都有着极强的能力和控制力，并在为团队努力地付出。因此，那些"强势型"的领导，值得我们尊重。

要想向上管理好强势的领导，我们需要跟随他们战略走，理解他们的战略，适应他们的战略。在保证方向正确的前提下，我们可以自由发挥，按照自己的想法大胆处理那些细节，少用鸡毛蒜皮的事去烦他们。这样，自然也能少让他们烦躁。

遇到"独裁型"领导该如何应对

在职场中，我们都希望能遇到一个能力强、性格好，肯提拔下属的好领导。在这样领导的包容和指导下，我们的能力会越来越强，事业会越来越好。

然而在现实中，我们却总是遇到比较奇葩的领导。其中，"独裁型"的领导，会让我们非常头疼。

这种类型的领导，往往会独自决定一切。他们发号施令，预期每一个人的立场一致，不能有丝毫的质疑。他们会完全按照自己的想法，决定做什么事、要把哪些任务指派给谁、要用哪种方式完成工作，以及什么时间完成工作。对于下属，他们的要求只有一个，那就是绝对服从。

简单来说，这类领导其实更像"军阀"，独断专行，凭着手中的权力让下属服从，对下属的工作有着强烈的控制欲望。在职场中，这类领导往往会让下属很头疼。

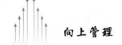

他们不像管理者，更像是军事指挥官，只相信结果和数字。他们刚愎自用，极度自恋，功利心很强，为人处世完全以自我为中心，对下属要求是绝对服从。这些特质让他们变得特别难相处，不得已相处起来也会让人感觉心累。

但不可否认的是，他们的工作能力往往很强，在布置工作任务时，给出的目标也会非常明确。虽然很多时候，他们会安排一些超出下属能力的工作，给下属很大的工作压力，但下属一旦适应并坚持下来，无疑将会得到很大的提升。

从某种意义上来讲，遇到"独裁型"领导可能不是坏事，也许是提升自己的一个契机。

老陈在一家跨国企业做管理，已经十年了，是资深老员工。

他的老板是位美国人，在业内很有名气，精力旺盛，目光敏锐，能洞悉行业发展趋势，且才华横溢。但是，这位老板的性格却有些"古怪"，管理企业独断专行，对下属总是颐指气使。

老板的这个"缺陷"让管理层的很多人都苦不堪言。有些人逮着机会就大发牢骚，抱怨老板不靠谱，认为他的独断专行让企业错失了很多发展机会。

比如，有一位主管说："那天，我把所有的工作都安排好了，老板却突然跑过来，下了一通完全不同的指示。他只用几句话，就把我几个月的辛苦付出全抹杀了。我实在不知道该怎么做了，再在他手底下做事，我也许会崩溃的。"

大家都在指责老板，但老陈却并没有这么做。他工作积极主动，对老板的"独裁"视若无睹。对老板下达的指令，他会依据客观价值行事，经过一系列的预估、重点划分、形势判断后，形成一套更加完善的执行方案。他的执行方案不是反对老板，而是设法弥补老板方案中的缺失。经过他的补充和完善，老板的方案往往能够超过预期效果。

　　老板虽然独断专行，但是对老陈却极为欣赏。他不止一次对合伙人说："老陈的工作太出色了。他不仅能完成我交代的任务，还能提供额外的信息，为我下达的指令提供依据。这才是我需要的人才啊！"

　　为什么老陈面对"独裁型"领导时，不仅能做到游刃有余，还能赢得领导的信任？究其原因，他掌握了向上管理"独裁型"领导的真谛。那么，具体应该怎么做呢？

　　首先，我们要避开领导锋芒，不轻易踏进他的战场。什么意思呢？"独裁型"领导往往喜欢用主导权开战："这件事我说了算，你只管照做就行！"这就是用主导权开战，你想反抗？那就要做好战斗的准备。为什么要战斗呢？不给他们弹药不就好了吗？

　　作为下属可以这样做：如果"独裁型"领导的命令无关紧要，那就按照他们说的去做吧。但是，我们要先避开锋利的尖刺，再寻找机会慢慢突破。

　　其次，我们要摸清领导的秉性并投其所好。在职场中，为了应对"独裁型"领导，我们应该先了解他们的性格特征。因为不同的人有不同的性格，而不同的性格会让他们对待事情有不同的反应。比如，领导是外向型的还是内向型的，脾气暴躁的还是性格温和的，墨守成规的还是标新立异的……摸清他们的性格特征，我们就能有针对性地投其所好。

再次，我们要对领导的需求做出预判。就像在前面的案例中，老陈对领导的需求做出预判一样，我们也要尝试对领导的需求做出预判。在这个方案中，领导需要用到准确的市场调研数据，那我们就做好准备；在这个项目中，选址一直是领导头痛的问题，那我们就多准备几个方案。提前对领导的需求做出预判，有助于我们更加轻松自如地应对。

最后，我们要把自己的工作做好。在"独裁型"领导手底下工作，想要表现杰出非常困难。因为，他们会把一切都安排好。不过，正因为这样，我们更要把自己的工作做好，这样他们才能慢慢地信任我们，交给我们更重要的任务。

另外，我们也不要忘了摆正自己的心态。我们可以这样想——"我是来公司做事的，不是来挑事的，不管领导多独裁，做好自己的事最重要。"这样一想，我们就不会因为自己的想法不能实施而感到不如意，或者受不了领导的"独裁"而心生不满，进而与领导顶撞或者发生冲突了。面对"独裁型"领导，心态很重要。

很多时候，我们觉得领导独断专行，是因为没有站在他们的角度考虑问题。转换角色，站在他们的角度，想想这个项目的主要困难是什么，又有什么办法可以解决，这样就能更好地理解他们这样做的用意，当然也可以提出更好的建议，帮助领导解决困难。

遇到"甩锅型"领导该如何应对

在职场中，你是否遇到过一些习惯性甩锅的领导？这种"甩锅型"领导虽然很讨厌，也很没有风度和格局，但却并不少见。

他们最喜欢做的事是把麻烦留给下属，把功劳据为己有。

"甩锅型"领导最大的特点是喜欢把问题推给下属——明明是自己的工作出了问题，却要推卸给下属；明明是自己没有搞定客户，却要怪下属资料准备不全。遇到这种"甩锅型"领导，不仅会让人感到委屈和不满，还会影响工作。

小 D 是某公司的一名策划，积极上进、工作认真，深得领导器重。但自从换了一位新领导后，他的日子就不怎么好过了。

这天晚上，他忽然被新领导拉到公司的对接群里。正当他莫名其妙时，老板却在群里对他进行了点名批评，说他这次的方案做得一

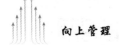

塌糊涂，完全不合格。

人在家中坐，锅从天上降。他突然明白老板为什么批评自己了，因为这次的方案确实"不合格"。原来就在昨天，他把辛苦做好的方案交给新领导后，却被新领导改得面目全非。他耐着性子告诉新领导，那样改可能不行。可新领导却不以为意，总觉得经过自己修改的方案才足够完美。没办法，他只好把新领导改过的方案再次"优化"，最终交了上去。

结果可想而知。而这个时候，新领导却在群里一言不发。小D只好强忍着心中的愤怒，在群里回复："这次方案确实做得不好，感谢领导的指正，马上修改。"

最终，他又把方案改成原来的样子，顺利通过。

小D的新领导就是典型的"甩锅型"领导。他跨部门空降过来，对于策划类工作不说一窍不通，至少也并不专业。但是，他却指手画脚，认为老板满意也有他的功劳。然而，结果并没有像他想的那样，修改后的方案反而遭到了老板的指责。这时，他开始"甩锅"，对老板批评小D一言不发，全程沉默。

于是在老板眼中，错是小D犯的，无能的也是小D，跟他没有关系。

在职场中，"甩锅型"领导其实大多都是这种心理。他们总爱把自己的过错"甩"给下属，虽然很没有风度和格局，但对他们来说，"弃卒保车"才是王道。当然，也可能会有其他原因，比如为了个人利益、维护自己的权威、对下属有不满等。但无论是哪种原因，"锅"甩过来，我们应该采取相应的办法进行应对。

那么，当我们在职场中遇到"甩锅型"领导时，要怎么应对，才能趋利避害呢？

第一，要保持冷静，不要激动。一般情况下，当领导把"锅"甩过来时，我们往往会感到愤怒、生气或者失望。所有人都会想："领导怎么这样啊，把责任推给我！"

但生气归生气，这个时候，我们需要保持冷静，才能解决问题。情绪化的回应，只会使情况更加恶劣。只有冷静下来，才能想到解决问题的方法。

第二，要认清现实，不要纠结。当领导把"锅"甩过来时，与其生气、愤怒，不如平复心情，接受现实。要吃一堑长一智，以后再遇到这种情况，就知道怎么处理了。记住，千万别想着翻案。这无疑是质疑领导的权威，反而会让他们更加针对我们。

第三，要学会处理领导的"敌意"。领导甩"锅"给我们，往往都是带着"敌意"的。我们要弄清楚这些"敌意"究竟来自哪里。是平常说话太直得罪了领导，还是能力太强让领导感到了威胁？总之，要先知道领导为什么会对我们有敌意，再想办法化解，以免下次再遇到类似的"背锅"事件。

第四，做好自己分内的事。在职场中，做好自己分内的事永远都是"万能金钟罩"。属于自己职责范畴的工作，必须先做好。所以，即便领导把"锅"甩了过来，我们也不能因为生气而对自己分内的事有所懈怠。

所以，最完美的做法就是，天衣无缝地完成自己的本职工作，让领导挑不出毛病，并欣赏我们的工作能力。更好的做法是，做好自己本职工作的同时，帮他修补"烂锅"。"锅"都提前修好了，他还会有甩的机会吗？

第五，如果"锅"太大，可以想办法澄清。对于太大的"锅"，我们就不能说承担就承担了。比如，牵涉商业犯罪问题。这时，我们除了要主动澄清事实外，还要寻找证据，证明自己的清白。

第六，要与领导达成共识。如果实在觉得委屈，不想背这个"锅"，那我们也可私下找领导谈谈。我们可以尝试着站在他们的立场上理解他们的做法，并表达出自己的观点和感受。很多时候，如果我们能够建立一个开放和诚实的对话，那么就可以达成一致，解决问题。

第七，要给领导一个体面的台阶。当领导把"锅"甩过来时，如果与其争辩，很容易激化矛盾，最终一发不可收拾。这个时候，我们要注意理性地与领导沟通，拿出自己的建议来，要让领导看到，我们是真心想解决问题，真心帮其处理问题。我们要学会用比较柔和的方式，给领导一个台阶。他能顺阶而下，往往事情就容易解决了。

第八，要主动承担责任，积极改进。当领导把责任推到我们身上时，我们还可以视情况选择主动承担责任，并且积极改进。比如，领导把某些责任推到我们身上时，如果后果不是很严重，可以主动承担责任，并积极寻找解决办法。有些时候，吃点儿小亏不算什么，圆满解决问题，才能获得更大的收获。

职场是成年人的世界，身在职场，大家都是聪明人，谁都明白，领导爱"甩锅"，无非是想推卸责任。可责任真的那么容易推卸吗？毕竟身为领导，他们身上有权力，也就必然担着责任。所以，当领导把"锅"甩过来的时候，不用惶恐，要学会分辨什么样的"锅"能接，什么样的"锅"坚决抵制，不想背的"锅"该如何巧妙推掉，如何化解与领导的尴尬局面。

答案都在上面，怎样做，就看我们自己的了。

遇到"暴躁型"领导该如何应对

宾夕法尼亚大学沃顿商学院管理学教授南希·罗斯巴德说："双面人格老板之所以更难相处，是因为你永远不知道老板会以哪种形象出现在你的面前。他可能是你的朋友，也可能是一个恶霸。而当你与情绪不稳定的老板打交道时，在工作中，你所面临的挑战往往会变得更大。"

没错，如果在职场中遇到情绪不稳定的"暴躁型"领导，我们所面临的挑战会更大。

脾气暴躁的领导，他们攻击性强、严酷、专横跋扈、易怒，对其他人怀有极深的警惕和不信任感，戒备心理很强。当我们无意中冒犯了他们所谓的尊严，或者在他们心情不好时正好出现，就很容易遭受他们的怒火。

在职场中，没有任何一个人愿意整日面对脾气暴躁的领导。

老孟从上家公司离职后，去了一家文化传媒公司，担任人事总监。

报到那天，老孟刚办完入职手续，就被老板叫到了办公室。没有多余的客套，老板直接布置了工作任务。

老板："上一任人事总监离职近三个月了，堆积了很多工作。你现在来了，要赶紧把这些工作抓起来。今天，你要帮我处理几项重要的工作，你记一下……"

接着，老板安排起了工作。老孟听完，顿时不淡定了，因为老板安排的工作，差不多有十项。这才是他入职的第一天，以后呢？他不免有些担心，于是他向老板说出了自己的想法。

老孟："老板，我才刚来公司，您看是不是让我先熟悉一下？"

老板的脸色顿时变了，大声说："我是老板还是你是老板？能干不能干？不能干走人！"

老孟不敢说什么，连连答应。他刚要离开办公室，却被老板叫住了，说是让他熟悉一下其他领导。很快，有几个其他部门的领导被叫到了办公室。

老孟发现，那些领导一个个都不敢坐，站在一边，气氛很严肃，像犯人准备接受惩罚。老孟纳闷儿了，这是怎么回事？很快他就知道答案了。

老板给大家介绍了老孟，就开始询问其他部门的工作进度。问着问着，老板的暴躁脾气就上来了，对那几个人破口大骂，骂得那几个人冷汗直流。老孟觉得，自己在职场工作十多年，就没有遇到过脾气这么暴躁的老板。

看着那几个人被骂的样子，老孟忽然觉得，自己没办法在这里工作了。从老板办公室出来前，他直接提了辞职。

在职场中，我们都有可能会遇到脾气暴躁的领导。这类领导总会控制不住自己的情绪，可能一不合他的意，就会发脾气。而冲我们发脾气的时候，往往会让我们很难受。我们不能反驳，因为跟脾气暴躁的领导没有道理可讲，越反驳他越生气。而且毕竟是领导，一方面要尊重他们，另一方面反驳就等于放弃工作。

如果不想放弃，我们应该怎么做呢？难道只能"我为鱼肉，他为刀俎"吗？当然不是，我们可以选择勇敢地面对，用合适的方法，最大限度地减少伤害。有些聪明的职场人，甚至不会受到伤害。

首先，我们要管好"火源"，别轻易给领导发脾气的机会。有些领导脾气暴躁，性子很急，做事雷厉风行，眼里容不得沙子。一旦遇到问题，他们就像火药，一点就着。我们既然知道领导是这种性格，为什么还要给他们发火的"机会"？控制好"火源"不就可以了吗？

我们可以这样做：首先，在工作上，踏踏实实，兢兢业业做好自己的本职工作，高效完成各项任务，不拖延、不犯错；在与领导相处时，尽量注意说话的语气，不反驳，不招惹，不给他们发火的机会。"火源"没了，他们就是想发脾气，也没有理由。

其次，控制自己的情绪，领导发火别往心里去。如果暴脾气的领导冲我们大喊大叫，我们能做的最有建设性的事情就是不把它当成针对我们个人的，不往心里去。比如，我们可以这样想："你随便说，反正是说大家的，我就当没听见。"

这时，如果我们不能控制自己的情绪，觉得受委屈了就要反驳，那只会让事情更加糟糕。领导会觉得我们不服管教，会更生气，脾气会更大，而我们则要承受更多的怒火。所以，正确的做法是，不在乎他们说话的方式，只关注他们所说的内容。

再次，找到领导发火的原因。就算是暴脾气的领导，他们发火也是有原因的，不可能无缘无故冲我们大喊大叫。因此，在承受领导怒火的同时，我们要在心里好好想一想，领导为什么会冲自己发火，是工作没做好，还是粗心马虎犯了错？

我们越是能了解领导情绪波动的原因，这件事就越好办。工作没有做好，赶紧漂漂亮亮地完成工作；因为马虎犯了错，承认错误立即改正……当我们找到原因并认真改正时，问题就解决了。至少，下一次领导不会再因为这些事骂我们了。

　　另外，我们要保持冷静，千万不要"以牙还牙"。就算领导在不明事情真相的时候就开始痛骂我们，甚至贬低我们，我们也一定不要因为委屈而"以牙还牙"。反击，只会让情况更糟糕。就算我们占理，领导不占理，反击之后，道理一定会在领导那一边。千万不要因为一时冲动，说一些事后一定会后悔的话。如果实在无法忍受的话，可以试着先离开一会儿。就算要辩解，也要等事后领导消气了再说。

　　最后，我们要向领导策略性地表达自己的感激之情。法斯特说，如果你的老板由于性格问题，总是出现情绪爆发的现象，那么你可以适时地表达一些感激之情，这么做能够大大消除他的愤怒和不满的情绪。法斯特还说过，当你发现自己的老板正处在暴躁边缘，快要失控的时候，你可以尝试着给他发一封电子邮件，向他表达自己的谢意，感谢他提供给自己的帮助，这样就能够让他们的情绪平复下来。

　　所以，谢谢你的领导吧，这样可以消除他的火气，让他尽快平复下来。不要以为没有感激的地方，至少，他教会了我们成长。

　　总之，与脾气暴躁的领导相处，一定要认识暴躁型领导的特点，懂得适应他、包容他、了解他和尊重他，学会采取一些方法消除他的火气，让沟通变得更顺畅。切忌不能硬碰硬，这只会让"战火"燃烧得更加猛烈一些。

第八章

职场尴尬的场景化解方案

　　毫无疑问，在职场中，你一定会遇到，或者已经遇到过很多尴尬的场景。如果不及时化解，就会陷入更尴尬的境地。而如果能够巧妙化解，你不仅可以走出窘境，甚至还有可能得到晋升。领导交办你最不想做的工作怎么办？领导对你的观点不感兴趣时该如何化解？领导提出不合理的要求怎么拒绝？领导答应升职加薪却没有兑现，你又如何"讨要"？这些尴尬场景，你想好巧妙化解的办法了吗？

领导给你安排最不想做的工作时，该怎么办

在职场中，我们最不能得罪的人就是领导，除非我们已经做好了离职的打算。毕竟领导掌握着我们的工作安排与晋升大权，他们既可以给我们容易出业绩的工作，为我们创造良好的提升环境，也可以使我们步履维艰。

因此，聪明的职场人往往会顺着领导，哪怕他们总是为我们安排一些不合理的，或者我们最不想做的工作。

有人可能会问：领导给我们安排最不想做的工作，也一定要做吗，不能拒绝吗？如果拒绝会怎么样？如果实在不想做，那应该怎么办？

我们来看下面的案例：

小孟是个 90 后，大学一毕业就进入一家知名企业工作，一待就是三年。她办事能力强，业绩也突出，与同事相处融洽，但有一点不好，那就是心直口快，说话太直。

有一次，公司有个紧急会议，领导很着急，通知所有员工下午

一点开会。到时间后，绝大多数员工都按时到会了，但小孟却没当回事。她先是在工作群里发了"我很忙，过不来"几个字，然后又晒出了自己的工作图片。言下之意是，自己确实很忙。

领导有些生气，打电话给她，打算批评她几句。哪里知道，她竟然直接拒绝接听，还直接把手机关机了。

这一下，领导更生气了。会议结束后，领导直接找到她，质问她为什么不听安排，不参加会议，甚至还不接电话。小孟一脸的不耐烦，大声说："我不想去，现在手上还有一大堆工作没有完成呢！"

小孟的声音很大，办公室里的同事都听到了，他们纷纷转头盯着看，领导觉得自己下不来台，也顾不上批评小孟了，拂袖而去。回到自己的办公室，领导对另一位部门主管说："这个小孟不能留了，此风气不可助长！"

果然，一个月后，在没有任何征兆的情况下，公司就给小孟下了离职通知，让她在两天之内做好工作交接，并办理离职手续。小孟虽然生气，但也无可奈何。

更糟糕的是，离职后小孟的日子也不好过。因为行业圈子不大，离职后她去另外几家公司应聘，都被同一个理由给拒绝了。因为那些公司对她做背景调查时，都知道了她离职的真正原因——不服从公司安排，顶撞领导。这样的人，哪家公司敢用呢？

现在的小孟很后悔，直言不该拒绝领导的安排。

有人可能会想了，在职场上，领导给我们安排了最不想做的工作，真的不能拒绝吗？难道只要拒绝，就会像小孟一样吗？其实也

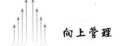

未必。

在职场中，如果领导给安排了最不想做的工作，多数人会进入两个误区：

第一个误区，上级安排工作，我不喜欢，不想做，可以直接拒绝。这种做法的错误之处就在于忽略了领导的权威。领导毕竟是团队的管理者，直接拒绝，往往会有两个后果。一方面，领导认为我们在挑战他的权威，没把他放在眼里；另一方面，领导会觉得自己决策失误，很没有面子。

在职场中，领导觉得自己决策失误的情况少之又少，被直接拒绝，多数领导会认为我们是在挑战权威，不服从安排。这个时候，我们就"危险"了。就像前面案例中的小孟，她被辞退，原因就在这里。

第二个误区，领导安排工作，无论喜不喜欢，绝对不能讨价还价。这种想法是职场中典型的"服从"心理。因为怕得罪领导，这类人对领导的安排"来者不拒"，在他们看来，那些"不想做的工作"就如同不爱吃的东西，不想参加的活动，忍一忍，多花点儿时间和精力，也是可以接受的。

虽然服从性很好，但这种做法却不可取。因为一旦接受领导的工作安排，就等于立下了"军令状"。达不成目标，我们就需要承担相应的后果。

这两种误区本质都是一样的，那就是我们没有换位思考，不知道站在领导的角度考虑问题。领导给我们安排工作，他们最先考虑的是什么呢？自然是结果。我们贸然接受"最不想做的工作"，没有热情，动力不足，是对结果不负责任。而直接拒绝，不仅没有顾及领导面子，也直接把结果给拒之门外了。

所以，这两个"误区"我们都必须远离。

在职场中，每个人都有可能会遇到"领导给安排了不想做的工作"的情况。这时候应该怎么办呢？完全拒绝不对，完全服从也不妥当，那怎样才算是合理应对呢？其实，应该分情况，区别对待。

如果领导给安排的工作是我们的本职工作，或者是有利于我们提升的工作，在"应该做"的范畴之内，那就不要想方设法拒绝。本职工作我们应该做，也有利于我们能力的提升，不应该拒绝。

除此之外的工作，如果确实不想做，也应该巧妙应对。一般来说，可以这样拒绝：

第一，不直接拒绝领导，接下任务。领导安排了工作，不管合理不合理，不管我们想干不想干，都不能直接拒绝，否则会让领导颜面扫地，权威受损。而且，如果直接拒绝，领导可能不仅不会同意，还会更强硬地命令我们做这件事。所以，不要拒绝，应承下来再想对策。

第二，给领导一个选择。接下任务后，我们该怎么做呢？接下任务后，我们可以根据自己的工作情况，给领导一个选择。比如，我们可以这样说："好的，领导，您安排的任务我一定会用心做。只不过，我现在手上还有个方案在做，挺着急的。您帮我看看，我先做哪个比较好啊？"话都说到这个份上了，任务很急的话，领导自然就安排别人了。

第三，以退为进，给领导提要求。有时候，我们手头上是真没有其他工作，那怎么拒绝呢？可以以退为进，用给领导提要求的方式来拒绝领导。我们可以这样说："好的，领导，我听您的安排。只是，我刚才算了一下，这项任务可能还需要两个人来配合，外加十万的预算，您看……"意思再明显不过了，这工作我能做，但是，有要求。

第四，搜集拒绝的理由与证据。拿到任务后，如果实在没有理由推脱，那我们就得赶紧去了解这项任务，给"拒绝"找出正当的理由。记得，我们的思路是，让领导觉得不是我们不想干，而是这项任务真不适合我们来做。比如，领导让我们去参加客户的饭局，没关系，不想去也先应下来："领导，您放心，我保证让客户喝得开心。"接下来，我们要开始找"不能去"的理由了，可以这样说："不会这么巧吧，我刚想起来，中午因为头疼，吃了头孢。这可怎么办呢？"这样说的话，领导可能就不会让我们去了。

最后，如果领导安排的工作，已经超出了我们的能力范畴，那么，与其想各种应对理由，不如大大方方地承认自己的工作能力有限，不能接受任务。在职场中，每位领导对自己下属的工作能力其实都有一个大致的判断。所以，遮遮掩掩不如勇敢承认。承认自己能力有限，说不定还能让领导高看一眼。

领导表现出对你的观点不感兴趣，你该怎么办

在职场中，我们其实并不仅仅是一个"打工人"，也会想证明自己的价值，获得别人的认可。于是，我们认真工作，努力提升自己。可是，打击却总会如影随形，比如：

我们辛辛苦苦熬夜做出来的方案，领导却对其中的创意嗤之以鼻；

我们绞尽脑汁，想出来一些自认为新颖的观点，领导却一点儿都不感兴趣；

会议上，领导对某个事件和细节一再追问，对我们的回答充满质疑……

当遇到这类情况的时候，相信大多数人的心中，都是有些尴尬，且充满失落的。我们会想：领导为什么会对这个观点不感兴趣？是认为我的能力不行吗？是不是领导不再信任我了？各种想法，纷至沓来。甚至面对领导的"不认可"，我们都不知道接下来该怎么做了，这会严重影响到工作的推进。

老何在某个大公司工作，职位是分公司的办公室主任。他协调能力强，很受公司领导的器重。

这两天，他有些忙。原来，总公司让下属公司报典型材料，每个分公司报一个。老何所在的分公司也需要准备一个。任务下达后，各部门都准备了一个典型事例，汇总到办公室。办公室作为公司的综合部门，从诸多部门递交上来的典型事例中，精心挑选了三个典型事例。其中，包括了办公室提交的一个事例。

三个典型事例，该选哪个？老何本着公平、公正的原则，组织办公室开了一个部门会议，大家在经过讨论后，都认为办公室提交的典型事例，独特、有新意，是三个典型事例当中最好的。于是，老何便把办公室的意见，连同选出来的典型事例，一起上报给了上级领导。

领导看了材料后，不置可否，只是对老何说"你看着定吧"。老何便把这件事定了下来。

接下来的两天，老何在这份材料上，下了很大功夫，修改、润色，想要一举拿下总公司的优秀奖项。苦熬了两天，他终于写出一份比较满意的典型事例报告。他有信心，凭借这份报告一举夺魁。

可是，当他兴冲冲地把这份报告拿给领导看时，意外却发生了。领导面露不悦，似乎情绪不高，对报告看都不看，说道："老何啊，这件事我慎重考虑过，报你们部门不妥，这让别的部门怎么想？我了解了一下其他部门的，有更合适的案例。所以，你这个报告就先不要提交了。"

老何一下子愣住了，心里很不是滋味，辛辛苦苦写了两天，却白忙活一场。他想对领导说："你不同意早说啊，我也不至于下那么大功夫！"可是没敢说出来，一旦说出来，就彻底得罪领导了。没有办法，他只好笑着对领导说："那好，听您的安排。"

平心而论，老何并没有做错什么。他认真执行上级领导的命令，严格把关，认真筛选，综合办公室的意见，筛选出了比较合适的上报材料。最重要的是，他把办公室的意见反馈给了领导，没有擅作主张。他虽然提出了意见，但最终决定权还是在领导那里，他并没有越权。

可即便如此，领导最终还是否决了他的意见。

在职场中，领导对下属的观点不感兴趣，否定下属的意见，其实是一种常态。为什么这么说呢？因为领导和下属站的角度不同，考虑问题的层面也不同，想法自然也会有异。下属觉得好的，领导可能觉得一般；下属觉得方案可行，领导可能觉得不行……这些情况都有可能出现。

虽然这是常态，但当出现"领导对我们的观点不感兴趣"的情况时，尤其是当着众人的面，这还是会让我们万分尴尬。那么，这个时候我们应该如何巧妙应对呢？

大部分情况下，我们应该优先听从领导的意见。要记得，与领导之间除了观点不太一致外，还存在着上下级的关系。职场中的上下级关系往往很微妙，每个领导都喜欢下属认同自己的观点，即使出现不同的观点，他们还是会希望得到下属的认可。因此，我们要优先听从领导的意见，稳定上下级关系，再引导他们思考。

面对领导的"不认同"或"不感兴趣"，我们要保持冷静，不要带情绪。很多人面对领导的质疑或不认同时，第一反应就是："怎么会这样呢？是不是搞错了？"这其实是很正常的心理，因为每个人都希望领导认可自己的观点，而不是质疑或不认同。

用清晰的思路说服领导。领导已经对我们的观点不感兴趣了，怎么做才能"起死回生"？正确的方法就是，不跟领导抬杠。领导不感兴趣、不认同，自然有他们的理由。我们要做的，是认认真真反思一下，理清思路，找出不被认可的原因。当然，如果我们实在想不明白的话，也可以和身边的人沟通一下，打探一下别人的看法和建议。当我们有足够的论点或证据支撑自己的观点时，就可以直接去找领导，并说服他们。

不断调整自己看问题的角度。领导作为管理层，往往会站在更高的层面看待问题。所以要想让观点得到领导的认可，我们一定要学会站在领导的角度看待问题。当然，我们也不可能一下子就能找到领导的视角，而是要通过不断调整自己看问题的角度，慢慢寻找，不断尝试。如此下去，才能解决根本问题。

努力提升自己，用实力说话。有些时候，领导不认可我们的观点，或者对我们的观点不感兴趣，原因可能不是出在"观点"本身，而是出在我们自己身上。因为我们没有足够的才干或能力来支撑我们的观点。因此，我们要努力提升自己，用实力来改变领导的看法。

领导不合理的要求该如何拒绝

俗话说"伴君如伴虎"。在职场中，领导虽然不是"虎"，却拥有着"虎"的特性——他们身在上位，手握重权，可以提拔或者打压下属。因此在领导手底下做事，我们也应该小心谨慎，万一触动"逆鳞"，就很有可能会受到打压，甚至被边缘化。

而触动"逆鳞"最常见的方式，莫过于对领导说"不"。

有人可能会问："在职场中，下属不就应该服从领导吗？为什么要拒绝呢？"下属当然应该服从领导的安排，可如果说，领导提的是不合理的要求呢？我们应不应该拒绝？

在职场中，领导提出不合理要求的情况其实很常见，很多职场人可能都曾经遭遇过。比如：

工作量不合理。在职场中，有些领导会根据自己想要的，随意给下属增加工作量。原本三天的工作量，他要求下属一天做出来；原本两个人的工作，他会让一个人高效完成。这样超负荷的工作量，明显是不合理。有些员工因为不敢出言反对，会硬着头皮接下来，结果弄得自己非常疲惫，工作效率也不高。

个人隐私被侵犯。这种情况在职场中也屡见不鲜，比如领导以工作为由，要查看我们的手机，这是侵犯我们的个人隐私。再比如，领导以工作为由，向我们要客户的私人信息，这是侵犯客户的隐私。无论哪种行为，对我们来说，都是不合理的要求。

不过，拒绝也要讲究方法方式，因为一个"拒绝"不好，可能就会得罪领导，影响自己的职场发展。聪明的职场人不仅会拒绝领导的不合理要求，还不会让领导感到不快。

我们来看下面的案例：

大学毕业后，小肖进入一家文化传媒公司，担任董事长助理。她对工作认真负责，加上工作能力很强，颇得董事长器重。在日常工作中，董事长经常会把一些零碎的工作交给她来做。

刚开始还好，但时间一久，小肖就有些吃不消了。她发现，董事长安排给自己的工作越来越多，多到必须每天加班才能完成，有时还得把工作带回家。最重要的是，很多工作原本是有人专门负责的，根本不需要她来做，现在却全都变成她的了。

小肖很苦恼，决定对董事长说"不"。

有一次，董事长又对她说："小肖，我看到业务部新来的员工没有电脑，你抽空帮着买一台吧。"

给新员工买电脑，一般由公司行政部负责，这是董事长又给她"加活儿"了。小肖没有拒绝，而是这样说的："好的，董事长，我忙完您的演讲稿就去。演讲稿您明天上午就要用，时间很紧，我可能要忙到很晚了。"

董事长一听，赶紧对她说："你专心写演讲稿吧，写好一些，那个很重要。买电脑的事，我安排行政部的人负责。"

从那以后，小肖开始巧妙地使用各种方法，拒绝董事长安排的不属于她的工作。渐渐地，董事长也不再让她承担她工作范围外的事情了。

小肖的做法是不是很高明？是的。面对领导安排的不合理的工作，她没有直接拒绝，而是用迂回的方式，让领导自己做了选择。

在职场中，面对领导安排的不合理要求时，我们其实都可以用巧妙的方法应对，实现既能拒绝又不引起领导反感的目的。我们可以这样做：

一是突破底线的要立即拒绝。在职场中，领导"不合理"的要求可能有很多种，"不太严重"的可以慢慢周旋，但突破底线的要立即拒绝。什么样的要求算是突破底线呢？比如，违反公共道德准则和法律的事、违反公司价值观的事、不符合我们个人行为准则的事……

二是先肯定赞扬再拒绝。领导安排了不合理的工作，怎样拒绝才能使其心里舒坦呢？可以尝试一种"肯定赞扬"的思路。就是先肯定领导的安排，赞扬他如何体恤下属，如何通情达理。在他心情愉悦的时候，再拒绝。这样，就不会太得罪领导了。

三是合理拒绝，找出替代方案。拒绝领导，绝对是一门技术活儿。领导给我们安排工作，是一定要感谢的。感谢什么呢？感谢领导的信任，感谢领导给我们机会。感谢的话说完了，该阐述原因了：

"领导，我现在手头上有好几件紧要的事，您看是先等我忙完其他事，还是先做您安排的这件事。"最后，要给出替代方案，"领导，小赵比较擅长这项工作，他刚好也有时间，您看是不是可以安排给他？"领导有理由不同意吗？

四是从领导的立场出发。领导安排的工作，哪怕不合理，我们也不好直接拒绝。这个时候，其实可以换一种表达方式，从领导的立场出发，也许"拒绝"就不会让领导不爽了。比如，我们可以这样对领导说："领导，感谢您给我这个机会，这对我来说是个难得的锻炼机会。可说实话，我对这方面并不擅长，很担心把您安排的事情搞砸了，辜负了您的信任。"领导一听，这是在为自己着想啊，心里就算别扭，也不会多说什么了。

最后是变被动为主动，让领导做选择。比如，我们可以说："领导，真是不巧啊，我手上有几个急活儿，下午要赶个方案，明天上午要去见个客户……您看，这项工作能不能晚两天我再做？"这样，领导就会把工作安排给别人了。

世事洞明皆学问，人情练达即文章。在职场中，拒绝领导，也是一门很重要的生存课程。在面对领导提出的不合理要求时，我们只要能做到语气委婉，原因客观，方案可行，拒绝起来就不会太难。

你的下属成了你的上司，你要如何应对

职场是个残酷的江湖，硝烟弥漫，优胜劣汰，能者上弱者下。也许今天我们还是高高在上的领导，明天就会变成普通的小职员。而在职场中，最尴尬的事莫过于曾经的下属忽然摇身一变，成了我们的顶头上司。

角色突然互换，领导变成了被领导，训斥别人变成了被别人训斥，这份尴尬和失落，可能是最让人难以忍受的。但没有办法，这就是职场，要么选择面对，要么选择离开。

我们来看下面这个案例：

最近这几天，老王内心焦虑异常。

原来公司架构优化，老王的团队被并入了其他部门。两个部门合并后原来有一个负责人，但这几天离职了，资历最高的老王被认为是不二人选。他也理所应当地开始主持日常工作，等待任命。可任命下来，他却傻眼了——老板任命他之前的下属为新的负责人。

原下属成为新上司，老王内心的煎熬可想而知。焦虑了几天后，他也想明白了，事已至此，班还得正常上。他收起不甘，打算以平常心面对现实。可是，这谈何容易？

他一见到新领导，就会想起对方曾是自己的下属，心里就开始不舒服。新领导估计也是这种心理，也不怎么给他安排工作。刚开始的一段时间，工作中，两个人都有意识地回避对方，这导致合并后的团队依然各自为政。团队也失去了合并的意义。

老板很生气，亲自找老王谈心，要他配合新领导的工作。老王一肚子委屈无处发泄，同时，他也有些不理解老板此举的动机了——逼自己离职、暂时安排，还是有其他原因？想得多了，他心里更不舒服，连带着看新领导也愈发不顺眼。

新领导倒是找老王聊过几次，但也仅仅是态度上敬重，仍然不交给他工作，局势继续僵持。

鉴于今年的就业环境，朋友们都主张老王找新领导好好谈一谈，至少工作不能这么僵持下去。否则老板一旦动怒，遭殃的可能是老王自己。可心高气傲的老王哪能主动示弱？他心中有委屈，更不能在这个时候向曾经的下属低头。

新领导不安排工作，他就还像从前一样带自己的团队，甚至不向新领导汇报工作。而这样做的后果是，他带领的团队一直无法真正与新团队融合在一起，工作效率极低。

又过了一段时间相互融合无果后，老板只得忍痛换掉了老王。

老板为什么换掉老王？原因很简单，如果不换掉，新部门就无法正常运转。新领导原本是自己下属这件事，已经严重影响到老王的正常工作了。他拒绝改变，不愿意接受自己从领导变成下属的事实，角色一直转变不过来。领导不敢安排工作，下属不会配合工作，这样的工作状态，哪个老板敢留？

因此，当有一天以前的下属突然成为我们的领导时，要及时调整好心态，找准方向，奋起直追。也许我们暂时无法改变现实，但只要认真去做，职业生涯就不会一直灰暗。

我们可以按照以下几种方法调整自己。

首先，接受现实，自我反思。曾经的下属，后来者居上成为自己的领导，原因是什么？无论运气也好，机遇也罢，这里面肯定有一个不可回避的原因，那就是对方比我们优秀。或者说，对方有某些方面比我们优秀。上级领导肯定有破格提拔对方的理由。

因此，我们不必觉得尴尬和难以接受，要接受现实，同时进行深入的反思。我们要看看，对方到底有哪些过人之处，找找自己的差距所在，扬长补短，不断吸收对方的优点和长处，不断克服自己的劣势和不足。也唯有如此，我们才能尽快成长起来。

其次，认清形势，转变态度。在职场中，我们要学会顺势而为。什么意思呢？就是说不能逆水行舟，要跟着形势走，才能少走弯路。当下属成为我们的领导时，这已经变成了一项不争的事实，一项难以改变的决定，我们难道还要把心态停留在"自己是领导"的思维上吗？那样只会让自己更加难受。

最好的办法就是不要沉浸在"他曾经是我下属"的回忆中无法自拔，也不要因为心态难以扭转而痛苦，更不要因为以前对方是自己手底下的兵，现在当了领导而不爽。对方既然已经成为领导，那我们就应该学会尊重，像对待其他领导一样。

　　再次，积极表态，配合新领导做好工作。既然下属成了领导，那就意味着从属关系变了，从前的"我管他"变成了现在的"他管我"。所以，不要再多想什么，而是要安下心来，做一名合格的下属。在"新领导"的带领下，以更加认真的工作状态，更加饱满的工作热情，努力做好各项工作。也只有这样，"新领导"才能放下心来，和我们形成利益同盟，共同进退。

　　最后，我们要多向"新领导"学习。"新领导"之所以能超越我们，自然有他们的过人之处。我们必须学会放下面子，以他们为目标，化尴尬为动力，这样才能重新找到自己的位置。

　　我们要明白这样一个道理：技不如人，失败就认，只要及时给自己敲响警钟，不再坐享安逸，而是改变心态，任何时候奋起直追都为时不晚。

　　加强自己的能力，努力向前冲，才是解决之道。

领导答应升职或加薪却没有兑现怎么办

　　对职场人士来说，升职或加薪，无疑是件美好的事。为了实现升职加薪的梦想，无数年轻人兢兢业业，努力工作，奋力提升。然而理想很美好，现实有时候却很残酷。

领导明明答应了升职或加薪，却迟迟不肯兑现，一拖再拖，似乎早忘了这件事。

这种情况，你遇到过吗？

不要以为这种情况很少见，事实上，在职场中比比皆是。也正因为这种情况随处可见，以至于很多人已经不相信领导所谓的承诺了。因为希望越大，失望就会越大。

老周是某公司工作六年的资深员工。最近，他却想要离职，朋友问他原因，他道出了实情："说实话，公司领导对我很好，这几年教会了我很多东西，并且他对我的工作评价也很高。可是，我却还是感觉很郁闷。两年前他就承诺过要给我升职了，可直到现在也没有兑现，倒是每年都会加薪，不过也很少。"

朋友问："你找领导问过这事了吗？至少也该给个说法吧！"

老周说："这怎么好意思问啊，万一领导反悔了，不愿意给我升职，大家岂不是都尴尬？所以，我打算离职，天天惦记这事心累。"

果然，没过多久老周就离职了。据说领导虽然出言挽留，但仍然没有提升职的事。

领导说要给老周升职，最后却一直没有兑现，是忽悠他吗？不见得。在职场中，领导答应给下属升职或加薪时，一般都有自己的考虑。最后没有兑现承诺，也往往会有另一层的考虑。因此，我们需要理性地看待领导的承诺。

一般来说，领导答应升职或加薪却没有兑现承诺，大概率是出于四种原因。

可能是随口玩笑话，当不得真。有些时候，领导只是口头上意思意思，目的是提高下属工作的积极性，仅此而已。比如领导看我们工作不积极，就随口鼓励说："小李啊，加油干，下个月给你升职加薪。"这像是认真的吗？当然不像，领导更像是在开玩笑。因此这种情况下，我们也就听听罢了，当不得真。

可能是领导对我们的看法改变了。我们经常说，做什么事都要趁热打铁，时间长了一切都会改变。领导说要给我们升职的时候，可能当时对我们很欣赏，确实想要大力提拔。可因为种种原因，当时没能立即提拔，过了那段时间后，领导对我们的看法慢慢改变了，认为我们不再适合那个职位，于是所谓的提拔也就不了了之。

可能我们的工作能力和工作实力暂时还不足以胜任升职后的岗位。领导答应给我们升职时，可能看中了我们的潜力。但经过一段时间的考察后，却发现我们的能力和预定的岗位不匹配，这种情况下，只好装作忘记了。

可能是公司暂时没有适合的岗位。有些时候，可能我们的工作能力没问题，但公司却一直没有出现职位空缺。在这种情况下，就算领导当初答应过升职或加薪，但时机不对，也只好装聋作哑了。

在职场中，上下级关系是最为敏感的关系，尤其是牵涉职位晋升或涨薪时，更容易出现问题。领导明明答应了升职或加薪，却迟迟没有兑现，当我们遇到这种情况时，应该怎么办呢？一般来说，可以从这几个方面考虑。

一是分析场景，判断真伪。当领导说要给我们升职或加薪时，我们一定要分析一下谈话场景，以此判断领导是真心提拔还是开个玩笑。比如，当领导郑重其事地单独找我们谈话，这个场景中提到的升职或加薪，十有八九就是真的了。一般说完升职或加薪后，领导还会再说一些勉励的话，比如"希望你好好表现，带领团队加油干"之类的。但是，聪明的领导往往会留下"活口"，他可能还会说："你要努力证明自己，只有通过部门考核才能晋升。"所以，如果承诺最终没有实现，我们也不必太计较。

另一种情况，是领导激励下属时的随口一说，或者是开玩笑语气说的，那就不必当真，听听就好了。可以朝着那个方向努力，但千万别放在心上。

二是不必纠结，摆正心态。当领导提出升职加薪，最后没有兑现承诺时，多数人会耿耿于怀，甚至愤怒。其实大可不必。我们可以逆向思考一下，如果领导从来没有提过升职加薪这件事，我们还会纠结自己该怎么办吗？肯定不会啊。我们纠结的根源在于领导给了希望，希望越大失望越大，失望越大内心越不平衡，会越痛苦。所以，摆正心态，放下纠结才是正确的做法。

不仅如此，我们还要尽快从纠结的状态中走出来，以更饱满的热情投入到工作中。同时，我们还要在保证自己工作不受影响的前提下，努力提升自己，让自己的价值始终处于上升状态。这样，以后才会真正拥有升职加薪的资本。

三是领导繁忙，及时提醒。领导的工作自然是很繁忙的，有时候忙来忙去，可能真忘了升职或加薪的事情。如果能确定这事是真的，而领导又确实很忙，那我们可以委婉地提醒一下。记得，一定要委婉，否则有可能会弄巧成拙。

另外，有些领导会"拿姿态"，故意不提这事。他们明明记得答应过这件事，就是不行动，要让我们主动去找他，主动提出来。这样，他就有机会好好"敲打"我们了。比如，他们可能会这样说："小李啊，我去找了好几次老板，他终于同意给你升职了。你今后可得多努力，不要给我丢人。"如果判断属于这种情况，那就轮到我们行动起来了。

四是以退为进，取得信任。很多时候，我们需要让领导明白我们的价值，适度地待价而沽，在很大程度上，这可以坚定领导提拔我们的决心。简单来说就是，不能让领导觉得我们只是廉价劳动力，要让他明白我们的价值。

比如，假如领导没有履行给我们升职或加薪的承诺，我们可以表现得稍微消极一点儿，或者借口请假休息一下。这个时候，领导肯定着急，并主动提起这件事。不过，这样做的前提是，我们在工作中要有足够的价值。

五是一颗红心，两手准备。考虑到有些领导总爱画大饼、忽悠人，我们也需要多做准备。一方面要继续努力工作，提升自己，另一方面，要开始考虑退路问题。毕竟，与其与不靠谱的领导较劲，继续要求升职或加薪，不如选择更好的出路。

只要有能力，无论在哪里，我们都有升职加薪的机会。

第九章

向上管理的七个雷区

为了使职场之路更加顺畅，你需要向上管理，搞好与上司的关系。然而向上管理这条路，却并非处处坦途，而是布满了"雷区"。你以为，拍马屁就能拉近与上司的关系？你以为，背后跟风议论上司可以神鬼不知？你以为，上司跟你称兄道弟就是关系很铁？你以为，给上司的每条朋友圈都点赞就可以获得关注？很多时候，你以为的其实并不是真的，而是布满炸弹的"死亡陷阱"，一不小心，就会粉身碎骨。

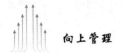

别把溜须拍马当成管理上司

为了使职场之路更加顺畅，我们总要想方设法与领导搞好关系。

关于如何与领导搞好关系，一千个职场人有一千种做法——有人脚踏实地，勤奋工作，通过努力与领导相互协作；有人左右逢源，能说会道，通过良好的交际能力与领导相处融洽。当然，还有人从来搞不好与领导的关系。

不管怎样，"与领导搞好关系"是我们在职场中生存的一个重要课题。说"适者生存"一点儿也不过分，因为领导的态度对我们的职场发展至关重要。虽然这句话听起来可能让人感到不舒服，但事实就是如此。

为了能更好地"生存"，或者说"生存"得更加长久，职场中逐渐出现了这样一类人：他们对领导极为热情，处处逢迎，溜须拍马，为讨领导欢心甚至可以放弃原则，舍弃自尊。他们在领导面前点头哈腰，认为溜须拍马是与领导保持密切关系、做好向上管理的不二法门。

但事实是这样吗？自然不是。在职场中，溜须拍马绝不是向上管理的好方法，因为过度溜须拍马可能会适得其反，甚至弄巧成拙。

老刘是一家互联网公司的老员工，工作四年，送走了一茬又一茬员工，自己却稳如泰山。用同事的话说，就是老刘能力不行，马屁功夫却一流。他能一直待在公司，全靠会拍马屁。

他有多会拍马屁呢？他自己的本职工作从来都不好好干，而是整天盯着分管领导。一会儿给人端茶倒水，一会儿又买了水果削好端给人家。领导有个快递外卖，他也第一时间放下手上工作，冲下楼去代取。有时候领导太忙，他还会开着自己的车去帮领导接送孩子上学。

同事们背地里都说，老刘这拍马屁的功夫，天上地下没谁了。

因为把精力都用在了拍马屁上，老刘的本职工作经常做不完。而且，别的同事都在努力提升，他却从来不肯下功夫提升自己的能力。在他看来，凡事有领导罩着就可以了。只要领导在公司一天，自己就能高枕无忧。

除了拍领导的马屁，他对平级同事的态度可就差多了。对领班都是爱答不理的，一副目中无人的样子，甚至还随意指使新同事干活儿。时间一久，同事们对他的意见都很大。

有个同事和总经理关系很好，于是，就把老刘爱拍马屁这事反映到了总经理那里。总经理觉得此风不可长，就找到分管领导，委婉地表达了自己的意思。

总经理压下来，分管领导自然不会说什么，而且他也清楚，老刘所擅长的只是马屁功夫，工作能力其实很差。没有过多考虑，他就找了个缘由，把老刘给辞退了。

瞧这马屁拍的，拍到最后，把自己给"搭"进去了。

影视剧中，我们经常能看到这样的画面：那些身居高位的反面人物，似乎都深谙"拍马屁"之道，他们在下属面前耀武扬威，不可一世，可面对更高一级领导时，态度立即就发生180度大转变，点头哈腰，卑躬屈膝，谄媚不断。似乎只有这样，官运才能亨通，才能获得更多的资源。

在职场中，有些人也学着溜须拍马，希望能够得到领导的支持和提拔。但可惜的是，他们舍本逐末，只重马屁而不重能力，把领导捧得高高在上，最后发现马屁拍在马腿上，被淘汰的还是自己。

其实，很多领导虽然对过度奉承很受用，但内心其实是有所防范的。因为他们明白，爱溜须拍马的人往往都是利益为先，自然不敢轻易相信别人。另外，天天溜须拍马不工作的人，同事们会怎么看？领导难道不在意同事们的想法吗？

因此，那些爱溜须拍马的下属，通常都逃不掉三种结局，现实会很"悲惨"。

一是被同事排挤，被领导当成眼线，做着夹心饼干，两边不讨好。需要明白的是，领导对你的"重用"只是用来监督其他人，而非真正把你当成可以为公司长远发展出力的人才。同事们对你的排挤，更会让你在职场中举步维艰。

二是为领导鞍前马后，却很难得到重用。为什么会这样呢？因为领导很清楚你的能力，把你放在身边不是因为工作需要，而是心理需要。就像乾隆爱听和珅的阿谀奉承一样，领导也喜欢听下属说好听的话。但越是这样，领导越不敢轻易给你重要的职位，因为不放心。

三是业务能力没长进，最后被年轻人甩在身后。溜须拍马根本提高不了我们自身的任何能力。长此下去，工作能力会越来越弱，最终会被年轻人后来者居上。领导看重的是公司利益，他们自然更愿意提拔能力强、有潜力的年轻人。

因此，真正的职场高手会和领导套近乎，但绝不会盲目地溜须拍马。他们一般会从以下几个方面着手，去和领导搞好关系。

聪明的职场人很清楚，想让领导信任和支持自己，仅靠阿谀奉承是不够的，必须让领导看到自己的忠诚。因为忠诚是做事做人的基础，是职场晋升的基本要素。领导只会信赖忠诚的下属，而非只会口头功夫的下属。因此，在自身能力范围内，帮领导解决我们所负责的任何工作问题，让领导看到自己的忠诚，这才是真正地与领导走得更近。

在职场中，工作能力永远是获得领导青睐和提拔的基础条件。因为职场讲的是利益互换，谁能为公司创造利益和价值，谁就能得到重用。所以，不要净想着怎么溜须拍马，而要多想一想如何才能提升工作能力，如何才能多长本事。

作为下属，我们要秉持一个原则——尊重领导。我们要明白，尊重不是靠嘴巴去说的，也不是靠溜须拍马，而是要认认真真，竭尽

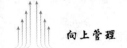

所能完成领导安排的各项工作。态度要诚恳，不要有怨言；工作要认真，不要有马虎。用心做好自己的工作，就是对领导的最大尊重。

别背后跟风议论上司

很多职场人都有个通病，那就是喜欢在背后议论别人。茶余饭后，几个人聚在一起，东家长西家短，议论纷纷。有时候说着说着，就议论到领导身上了。

比如，领导开会训斥了某某，大家私下议论："哎呀，领导真是太严格了，看把某某给骂的，都快哭了。"领导多安排了一些工作内容，大家私下又议论："领导咋想的啊，安排这么多工作给我们，一点儿也不体恤下属。"领导心情好，请同事们吃个饭，大家私下还会议论："领导好好的为啥请咱们吃饭，是不是有啥目的？"

总之，在这些人眼里，领导身上一定有可议论的地方。偷偷议论一下，既不用付出成本，又满足了八卦心理，何乐而不为呢？怎么样，你在这些议论的人群中吗？不要觉得偷偷议论一下没有关系，殊不知"祸从口出"。

在职场中，最忌讳的事就是同事之间议论领导。也不要以为

"只是议论一下，领导又不会知道"，要知道好事不出门，坏事传千里，世上没有不透风的墙。当那些议论的话，尤其是"坏话"，不胫而走，并传到领导耳朵里时，那么，你在公司便很难再有立足之地了。

在职场中，我们难免会对领导有意见、有看法，甚至心里有不满和牢骚的时候。这个时候，我们就想口头上说一说，释放一下。有时候只是看到同事议论，跟着有感而发，形成统一战线，互诉衷肠，一起释放一下不满和压抑。

但我们却忘了一件事，那就是隔墙有耳。和你一起议论的同事，难道不会向领导报告？路过的同事会不会听在耳朵里，记在心里？这些都有可能，背后议论发泄完了，可能需要承担严重的后果。

小崔是某公司的前台，人长得漂亮，人缘也好，来公司不到一年，就与同事们打成一片，跟几个同事还成了无话不谈的好朋友。她对现状很满意，唯有一点心里不舒服，那就是一直没有涨工资。

有一天，听说有几个入职晚的同事都涨了工资，她心里又不平衡了，于是趁着午休时间，跑到领导办公室，打算当面问问领导这件事。

刚走到领导办公室门口，她就听到老板在打电话，声音很大。她没敢敲门，侧耳仔细一听，是领导在跟老婆吵架，吵得很凶。听出来领导正在气头上，她也没敢找领导说涨薪的事，扭头又回到了自己的工位上。

中午吃完饭，几个同事聚在一起聊天。聊着聊着，不知怎么的，就聊到领导身上了。大家纷纷数落领导的不是，说他抠门，说他不近人情。小崔本来就对领导有怨气，这时大家都在议论，她就添油加醋地把领导跟他老婆吵架的事说了出来。她说："领导和他老婆感情不和，吵架可凶了，非得离婚不可！"

有个关系好的同事赶紧打断她的话："小崔，这话可不能乱说，万一被领导听到就麻烦了。"小崔还满不在乎地说："听到就听到，有什么大不了的。"

没想到，她一语成谶，领导果然知道了她说的话。从那以后，领导不仅拒绝了给她涨薪的事，还不断找她麻烦。不仅找她麻烦，还找那几个和她聊天的同事的麻烦。她们终于明白，背后议论领导，说领导坏话，最终伤害的是自己。

小崔在公司坚持了两个月后，就无奈离职了。

职场是一个复杂的"江湖"。我们一旦背后议论领导，或者说领导坏话，就算保密工作做得再好，也难免会传到领导耳朵里。因为，为了自己的利益而去打小报告的人有很多，再小心也防不了隔墙的耳朵。退一万步讲，就算没有人故意向领导告密，但公司里人多口杂，也会一传十、十传百，传到最后还是会传到领导耳朵中。

因此，在职场中，我们必须管好自己的嘴巴。须知"防人之心不可无"，话一定要想清楚再说，还要看清楚对象，看清楚地点，以防他人为博取领导的好感和信任而"出卖"我们。最好就是闭紧嘴巴，不要跟同事议论领导，以免惹祸上身。

那如果听到别的同事在议论领导，我们应该怎么做呢？如果不参与其中，一吐为快，那别的同事会不会认为我们是领导的眼线，会不会认为我们会告密，会不会因此忌惮我们？

其实，大可不必想那么多。发现别的同事议论领导，我们能远离就远离，如果实在无法远离，也不要参与议论，更不能添油加醋，以讹传讹。而是要坚持自己的主见，不该说的话坚决不说，千万不要因为害怕被同事孤立而放弃原则说领导坏话，那是愚蠢的行为。

这个时候，我们要做的就是做好自己，闭上嘴、不乱说，做一个沉默、不惹事的职场人。

要记住，祸从口出，也是职场大忌。

误把和领导称兄道弟当成关系铁

在与领导相处的过程中，很多人喜欢和领导建立比较好的"私人关系"。他们认为，领导是自己职场生涯的"掌舵人"，和领导搞好关系，会让自己的职场道路更加顺利。为了实现这个目标，比起钻研业务，他们更热衷于与领导建立良好的私人感情。

经过一番努力，当他们认为自己与领导的"私人感情"已经很好时，就开始与领导称兄道弟。在他们看来，和领导称兄道弟，能使

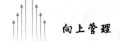

两者之间的关系更亲密，让自己得利更多。殊不知，这样做只会让自己更被动。

为什么会这样？因为职场中没有"兄弟"，只有利益。

小李和小刘是大学同学，毕业后两人同时进入一家公司工作，又成了同事，关系自然非常不错。不过，两人在性格上却相差很大，小李比较内向，话不多；小刘则比较活泼，口才极好，在公司里左右逢源。

凭着出色的交际能力，小刘很快脱颖而出，升为主管，成为小李的顶头上司。

虽然职位上下有别，但小李还是把小刘当成自己的兄弟，经常开他的玩笑，有时还会当着其他同事的面直接喊"兄弟"。虽然小刘每次都笑着答应，但粗心的小李没有发现，小刘和自己的话越来越少，对自己也不再那么热情了。

有一次，公司要外派一名技术人员去分公司工作。分公司的地理环境不是很好，这明显是一份苦差事，公司谁都不愿意去。大家都担心这份苦差事会落在自己头上，唯独小李很放心。他对同事们说："公司派谁去都不会派我去，刘主管可是我兄弟，他肯定会照顾我。"

然而，让他没有想到的是，公司的通知下来了，被派去分公司工作的，恰恰是他。这下他有些懵了，于是跑去找小刘，想让小刘向公司说情，换别人去。

小李拉着小刘说："兄弟，你一定要帮帮我。我不想去那个地方，你找领导说说，让他们换个人。"

"这事不好办啊！"小刘说，"总公司已经定好了，再换人很不合适。再说了，同事们都知道我和你是朋友，如果换别人去，以后我怎么管理别人？"

他这一番话，说得小李哑口无言，只好心不甘情不愿地去了分公司。

其实，关于派谁去分公司工作，公司是让小刘定夺的，而他却推荐了小李。他为什么要推荐小李呢？小李不是自己的好朋友吗？原因很简单，小李在公司里天天和他称兄道弟，早已引起了其他同事的不满和质疑。为了改变这种状况，他才想出了把"好朋友"调到分公司的办法。在他看来，再好的朋友也比不上自己的前途。

在职场中，你以为和领导做朋友，就能站稳脚跟？你以为和领导称兄道弟，就是关系很铁，可以处处顺畅？其实未必。很多时候，和领导做朋友，尤其做那种你以为"关系很铁"的朋友，并不一定是好事，甚至可能是坏事。因为，那种看上去很近的关系，危险系数太大，就像是走钢丝，看似走了捷径，但不跌便罢，一跌下去，那将会粉身碎骨。

那么，如果是领导和我们称兄道弟呢？也是在"走钢丝"吗？没错，是这样的。

首先，朋友和领导代表着不同的含义，不能混为一谈。朋友是什么？是兄弟、是手足、是义气，是真诚交往和平等相处的对象，也是可以共患难同甘苦的人。领导是什么？是权威、是制度、是工作，是有权力给我们安排工作、带来利益的人，也是管理和约束我们行为的人。这两者根本就不在同一位置，混为一谈，只会扰乱我们的职场生活。

其次，职场中利益大过人情。虽然很多人不爱听，但我们还是要说，在职场中，利益是大过人情的。比如，只有一个主管的位置，你和另一个关系很铁的同事相互竞争，而你们的能力也差不多，你会让着对方吗？显然不可能。这就是职场中的"利益大于人情"。因此，你一定要明白，就算你和领导的关系很不错，但一定也是"利益大于人情"。就算领导主动向你示好，和你称兄道弟，也一定是建立在利益的基础之上。当你们的"情谊"和公司利益或领导个人利益相冲突时，领导一定会选择利益。

再次，和领导走太近会弱化领导的威严，让领导不爽，同事嫉妒。领导和你称兄道弟，是为了利益。他可以这样做，但你却要小心行事。因为，这并不代表你们之间的关系真的很好。另外，和领导表现得太过"亲密"，还会同时得罪领导和同事。同事会觉得你是走后门进来的，或者是靠溜须拍马上位的，会对你不满甚至是排挤。而领导也需要考虑其他员工的看法，为了让公司更加团结，就会导致对你心生厌恶。

从次，和领导称兄道弟会让领导丧失上位者的尊严。当你自以为和领导关系很铁，并开始和领导称兄道弟时，你的心态其实已经发生变化了。在你眼里，领导不再是上级，而是平等相处的"自己人"。这个时候，你会不注意自己的言行：和兄弟相处还需要考虑那么多吗？你可能会大大咧咧，和领导勾肩搭背，甚至会和领导开一些过分的玩笑，说一些让他们不太高兴的事。这个时候，你可能已经触碰到领导的尊严了。

最后，就算领导和你称兄道弟，有时候也只是为了利用。很多人会想：我不主动示好，那领导跟我称兄道弟时，我该怎么办？要把握好度，不要迷失自己。你要清楚，领导为了让你死心塌地地工作，肯定会和你搞好关系，而和你称兄道弟，只是其中的一种手段。他们这样做，无非是为了让你更有归属感而已。

过于亲密的工作社交方式在职场中并不适宜。就算领导和你称兄道弟，你也要把握好尺度，可不要最后既失去了"兄弟"，又得罪了同事。

糟糕的第一印象让你失去信任

在职场中，你知道第一印象有多重要吗？

如果不知道，那要先看一看，什么叫"首因效应"。"首因效应"是由美国心理学家洛钦斯首先提出来的，也叫首次效应、优先效应或第一印象效应。指的是在两个人的交往过程中，第一印象对今后交往关系的影响。

"首因效应"也就是"先入为主",强调了最鲜明、最牢固的第一印象的重要性。如果一个人在初次接触时,给人留下了良好的印象,那么别人就愿意和他接近,并产生信任感。相反,如果第一印象不好,初次接触就引起对方反感,在后期交往中,人们就会很冷淡,甚至会在心理上和行为中,与之产生对抗状态。

从"首因效应"中,我们能够看出第一印象的重要性。而在职场中,我们给领导的第一印象尤为重要。因为在很大程度上,它可以影响领导对我们的信任,以及今后的职业发展和人际关系。甚至可以这样说,一个好的第一印象可以让我们在职场中立足,而一个糟糕的第一印象则可能让我们失去好机会。

小陈大学毕业后,经过层层筛选,成功入职一家知名公司,担任销售助理。这个职位技术要求不高,但特别锻炼人。他对这份工作很满意,工作起来格外努力。不过,他做梦也没有想到的是,自己的努力会败给"第一印象"。

事情是这样的,有一次,领导让小陈打印合同寄给供应商。打印合同前,领导交代过他,需要修改一下合同金额。可这样一件重要的事,他竟然给忘了,打印之后就直接发出去了。他的这个失误,直接给公司造成了很大的损失。

领导非常生气,痛骂了他一顿,并且还在会议上点名批评了他。这让他非常自责,一直想要寻找立功的机会,挽回领导的信任。

功夫不负有心人,小陈的机会终于来了。公司有个大客户老周，很难搞定，一直是领导的心病。他打听到老周最近到北京出差，决定主动出击，帮领导拿下这个"难啃的骨头"。

他先是去拜访了老周几次，但老周知道他的来意，一直都在找借口避而不见。他不死心，各方打探消息，终于发现，老周这几天总会在下午去网球馆打球。他找到网球馆，终于见到了老周。

老周知道他的来意，故意说："小伙子，今天不聊生意，只打网球。你要是想打网球，咱们就一起；你要是想聊生意，那就哪来回哪去。"

小陈是个聪明人，他没有多说什么，跑过去陪着老周打球。这样一直持续了半个月，两个人的关系已经很熟了，甚至成了不错的朋友。老周知道小陈的用心，对这个年轻人也很欣赏，离开北京前，直接给了小陈一笔巨额订单。

这可把小陈高兴坏了，要知道，他还是职场新人，就拿下这么大的订单。他有信心，能凭借这个大订单，从领导那里找回信任。可没想到，接下来发生的事，却让他绝望了。

小陈有个同事小宋，跟他差不多时间进入公司，职位也一样。小宋没有什么业绩，只因帮领导接待一个大客户，得到了客户好评，就被领导在会上表扬，甚至提前转正了。而小陈拿下大订单，不仅没有得到表扬，至今还没有转正。

小陈越想越生气，就去找同事诉苦。同事告诉他，领导之所以不给他转正，是因为觉得他这个人"很不靠谱"，这次拿下大订单也只是运气而已。

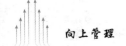

小陈这才知道，原来领导这么不信任自己。即便自己努力工作，拿下订单，却仍然得不到领导的认可。而主要原因他也清楚，就是那次糟糕的第一印象。

很多职场小白，进入职场后，总是迫不及待地想要以能力证明一切，以为能力就是"万能钥匙"，以至于忽略了人际关系的重要性。他们总是在不经意间给公司同事，尤其是领导，留下糟糕的"第一印象"。而只有在公司得不到重用、被逐渐边缘化后，才会幡然醒悟——"没有领导的信任，我将一事无成"。

职场中的"第一印象"，为什么这样重要呢？原因很简单，"第一印象"所具备的定势效应，有很大的稳定性。简单来说，就是我们给领导留下的"第一印象"，就像深刻的烙印，很难改变。

第一印象很好，那么即便以后有表现不够好的地方，领导也会对我们宽容一些。反之，如果第一印象糟糕，那么即便以后做得再漂亮，领导对我们的评价也不会太高。因为固化后的第一印象，就是他们内心深处的标准。小陈后来做得很好，但在领导心中，他还是那个"很不靠谱的人"，就算拿下大订单，那也只是运气。

因此，我们要懂得这样一个道理：在职场中，良好的第一印象是打开职场大门的金钥匙，是获得领导信任的关键。如果我们希望自己能在职场中如鱼得水，顺顺利利，那就一定要给领导留下良好的第一印象，而不是糟糕的第一印象。

那么，初入职场，如何才能给领导留下良好的第一印象呢？具体而言，我们可以这样做。

第一，着装要得体、大方。有位哲人曾经说过："服装不能造出完人，但第一印象的80%来自着装。"因此，在面对领导的时候，千万不要以为着装不重要，穿得邋里邋遢，只会给领导留下糟糕的"第一印象"，让他对我们产生没有好的精神面貌、不认真的错觉。而得体、大方的着装，会让领导对我们的好感倍增。

第二，脸上要带着微笑。影响第一印象的因素很多，但面带微笑，肯定是其中最重要的一个。因为微笑是培养良好印象的催化剂，是使人心情愉悦的最佳方法。当领导看到我们脸上时刻洋溢着微笑时，心里一定会默默认定，我们是懂礼仪、尊重领导的好下属，也会认为我们是心中有阳光、心态积极的好员工。

第三，与同事相处要热情。初涉职场，遇到周围的同事，千万别忘记打招呼。热情而礼貌地打招呼，会让周围的同事认可和接受我们。而同事的认可和接受会让领导感觉我们的交际能力强，能很好地团结同事。这自然也是第一印象的加分项。

第四，与人接触要彬彬有礼。现代职场中，各种各样的职场礼仪是人际和业务来往中必不可少的重要内容。与人见面是人际交往的第一步，而在见面过程中，举止有度，谈吐优雅，必能给领导留下良好的第一印象。

第五，学会赞美别人。赞美是一种有效而不可思议的力量，它就像沙漠中的甘泉，会让人听后心中舒坦。比如，遇到领导时，我们适度赞美一下领导："您的业务能力真是太强了，昨天几句话就搞定了那个客户，我要多向您学习啊！"几句恰当的赞美，不仅让领导心情愉悦，还会在他们心中留下良好的第一印象。

　　除了上述几点，我们还要认真对待工作，努力付出，让领导觉得我们有进取心，是个可造之才。

　　在职场中，聪明的职场人都善于通过各种自觉和不自觉的手段，给领导营造一个良好的第一印象，让对方认为自己具备某些优秀的特质。这样以后得到重用的机会就会多一些。反之，如果在刚刚步入职场时，我们就给领导留下了糟糕的第一印象，那么很可能会失去领导的信任，在今后的工作中处处碰壁，错失更多表现的机会。

　　给领导留个好的第一印象吧，这关系我们的职场发展。